Wie Tiere denken und fühlen

Title of the original German Edition: Wie Tiere denken und fühlen
(c) 2019 Loewe Verlag GmbH, Bindlach
Korean edition published by arrangement with Loewe Verlag GmbH. through Greenbook Agency.
All rights reserved.

ⓒ 2023, Flight of Ideas Publishing Co.

이 책의 한국어판 저작권과 판권은 그린북 에이전시를 통한 권리자와의 독점 계약으로 생각비행에 있습니다.
저작권법에 의해 한국 내에서 보호를 받는 저작물이므로 무단 전재와 무단 복제, 전송, 배포 등을 금합니다.

신기하고 재미있는 동물행동학

생각하고 느끼는 동물들

카르스텐 브렌징 글
니콜라이 렝거 그림
정일주 옮김

생각비행

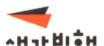

차례

독자 여러분에게	8

사회생활   10

재미와 놀이	12
재미있는 일은 왜 재미있을까요?	16
함께할 때 우리는 강해져요	18
대장이 항상 결정권을 갖지는 않아요	22
동맹과 네트워크	24
동물이 항상 사회생활을 하는 것은 아니에요	28

성격이 있는 동물들   30

성격	32
돌고래는 이름이 있어요	34
삶에 대한 기억	38
살이 찌면 기억력이 약해질 수 있어요	40
거미의 직업	42

자의식   44

거울 실험	46
거울을 못 알아봐요	48
친구이자 적이 되는 거울	50
거울을 도구로 사용해요	52
멀리 있는 거울에도 반응해요	53
이런, 이거 나잖아!	54
자의식과 자기 인식	58
로봇도 자의식을 가질 수 있을까요?	60

동물의 언어   62

소통이란 뭘까요?	64
거짓말의 발명	66
소리를 통해 배워요	70
사투리	72
가리키는 몸짓	74
동물의 언어와 문법	78
현장에서의 새로운 관찰	80
동물을 이해할 수 있을까요?	82

생각하기   84

심상	86
심상에서 범주로	90
논리적으로 생각하기	92
추상적으로 생각하기	96
전략적으로 생각하기	100
창의력	102
자기 성찰	106
자제심	110
수학	112
동물에게서 생각하는 법 배우기	114

느끼기   118

누가 주도권을 쥐고 있나요?	120
사랑	122
짝 선택	124
슬픔	126

공감은 최고의 능력   128

공감	130
거짓 믿음	132
우리는 왜 동시에 하품할까요?	134
폭력	138

자연에서 문화로   142

식문화	144
유행 따르기	146
새 둥지	148
도구 사용	150
애들레이드의 춤추는 돌고래	154

정의   156

공정	158
도덕	160
소유	162
작지만 큰 차이	164

부모님과 선생님께	166
용어 해설	168
지은이, 그린이	171
옮긴이	172

독자 여러분에게

개미가 거울에 비친 자기 모습을 알아보고 돌고래가 서로 이름을 부른다는 사실을 알고 있나요? 쥐는 함께 있을 때 더 잘 웃고 범고래가 30년이나 엄마를 찾는 진짜 마마보이라는 사실은요? 어른들은 동물이 사람처럼 말할 수 없고, 사람처럼 생각할 수 없으며, 자신에 대해 생각할 수 없다고 봐요. 사람들은 현재만 살아가는 동물들에게는 과거를 간직한 기록이나 미래에 대한 계획이 없다고 믿어요. 하지만 이건 잘못된 생각이에요.

생각하고 느끼며 말하는 동물들의 이야기는 생물학적 현실과 상당 부분 겹치거든요. 동물도 기억할 수 있고 과거로부터 배운답니다. 우리처럼 친구도 있고 감정도 있어서 사랑하고 싸우기도 해요. 하지만 동물 종이 다르듯 서로 다른 능력이 있어요. 같은 종이라도 저마다 특성이 있고요. 우리는 그런 성격에 대해서 이야기할 수도 있겠지요.

이 책은 여러분을 동물행동학이라는 실로 놀라운 세계로 안내하며, 인간 정신이 진화를 거치며 어떻게 발전했는지 알려줄 거예요. 책 끝부분에서는 인간이 성공할 수 있었던 비밀도 밝힐 예정이랍니다. 인간이 동물보다 많은 점에서 앞서는 것은 사실이에요. 하지만 우리 인간도 완벽하지 않으며 끊임없이 발전해 나아가야 한다는 점을 잊지 말기로 해요.

재미있게 읽기를 바라요.

카르스텐 브렌징

사회생활

많은 연구자들은 사회생활이
고차원적인 정신 능력의 근거라고 해요.

사회생활

재미와 놀이

재미 – 동물과 인간에겐 엄청난 동기랍니다!

머리말에서 재미있게 책을 읽기를 바란다고 했는데, 이 말에는 또 다른 뜻이 있어요. 재미는 자연이 만든 가장 오래된 발명품으로 우리가 생존하기 위해 필요한 일을 즐기면서 자주하도록 도와준답니다.

이번 장을 읽고 나면 배우는 일이 무조건 재미있어야 한다고 떼를 쓰게 될 테니, 제가 부모님과 선생님들께 미움을 살 수도 있겠네요. 여러분은 그 이유가 궁금할 거예요. 동물 세계에서 예를 하나 들어 볼게요.

강아지들은 놀기를 좋아해요. 펄쩍펄쩍 뛸 때 제일 재미있어하고, 사람들도 같이 뛰고 싶어 하죠. 동물은 성체가 되었을 때 필요한 주요 행동

북미 프레리도그 성체

을 놀이를 하며 배워요. 예를 들어 북미 프레리도그는 어릴 때 장난치고 뛰어놀며 누가 대장이 될지를 정해요. 이 방법은 정말 실용적이에요. 성체가 된 동물들이 서열 싸움을 할 필요가 없으니까요. 다른 동물 종에 속한 새끼들은 위험한 싸움

포유류만 노는 것이 아니에요.
자세히 보면 파충류와 어류도 논답니다.

을 벌이며 살아남는 방법을 배우기도 한답니다.

동물과 인간은 놀이의 어떤 면에서 재미를 느끼는 걸까요? 사고 실험을 통해 한번 알아볼까요?

사회생활

재미있는 농담을 알고 있나요? 그렇다면 지금 옆 사람에게 들려주세요. 어때요? 웃었나요? 좋아요! 믿기지 않겠지만 여러분이 왜 웃었는지 알아요. 물론 어떤 농담인지는 모르지만, 농담이 왜 재미있는지 알거든요. 바로 놀라움의 순간이에요. 마지막에 무슨 일이 일어날지 이미 알고 있다면 농담이 재미없겠지요. 놀이도 마찬가지랍니다. 꼬마 늑대가 형 늑대랑 싸우든, 여러분이 운동장에서 친구들과 축구를 하든, 혼자서 흥미진진한 컴퓨터 게임에 빠져 있든 상관없어요. 우리를 자극하는 것은 놀라운 순간이고, 예측할 수 없는 일이라야 재미있으니까요. 동물도 우리처럼 재미를 느끼고 이런 이유로 놀이를 계속하는 거랍니다.

야생 동물도 쳇바퀴 돌리기를 좋아해요.

최근에 파충류와 어류도 놀이를 좋아한다는 사실이 밝혀졌어요. 연구자들은 우연히 이 사실을 알아냈어요. 이들은 햄스터가 타는 쳇바퀴를 재미 삼아 들판 근처에 놓아두고 야생 햄스터가 쳇바퀴를 돌리며 운동을 할지 알아보려 했답니다. 그랬더니 야생 햄스터가 집에서 사는 햄스터 친구들과 똑같이 쳇바퀴를 사용했어요. 햄스터와 쥐뿐만 아니라 개구리나 달팽이도 쳇바퀴를 돌렸어요. 정말 대단하지 않나요?

그렇다면 기쁨과 재미는 대체 어떤 역할을 할까요?

정보 상자

인간은 수많은 동물 중 하나일 뿐이랍니다. 생물학적으로 인간은 네 종의 유인원 중 하나예요. 우리 말고 다른 유인원으로는 침팬지, 고릴라, 오랑우탄이 있답니다. 유인원은 직비원류*이고 동시에 영장류에 속해요. 영장류는 살쾡이나 설치류 같은 포유류에 속하고, 또 포유류는 조류, 파충류, 어류와 함께 척추동물에 속해요. 이런 식으로 분류하면 동물들이 **진화****를 거치며 어떻게 발전해 왔는지 알 수 있어요.

↑ 우리와 가장 가까운 친척인 침팬지가 인간이 그들의 영역에 만들어 놓은 길을 건너고 있어요.

- 영장류를 코의 모양에 따라 곡비원류(曲鼻猿類)와 직비원류(直鼻猿類)로 분류해요. 곡비원류는 동그랗게 말린 콧구멍과 촉촉한 콧부리가 특징이에요. 직비원류는 단순하게 뚫려 있는 콧구멍과 건조한 콧부리가 특징이고요. 직비원류에는 일부 원숭이류와 사람을 포함한 유인원이 속해 있어요.
- ** 빨간색으로 표시한 용어는 책 뒤편에 저자의 해설이 있어요.

사회생활

재미있는 일은 왜 재미있을까요?

보상 없이는 일이 진행되지 않아요!

얼마 전까지 동물의 놀이는 불가사의 그 자체였어요. 왜냐하면 어떤 연구자도 동물들이 다 자랐는데도 놀이를 계속하는 이유를 설명할 수 없었거든요. 어른이 된 동물은 모든 것을 다 배웠기 때문에 놀이를 통해 학습할 필요가 없어요. 새가 노래하는 것도 이와 비슷해요. 새는 짝을 찾거나 영역을 표시하려고 노래를 불러요. 이런 행동은 주로 봄에 일어나지요. 늦여름부터 지저귐이 줄어들기는 해도 새는 일 년 내내 노래한답니다. 연구진이 정확한 이유를 알아내지는 못했지만, 신체 고유의 보상 시스템이 작동하지 않을까 추측하고 있어요.

보상 시스템에서 중요한 전달자는 도파민이에요. 이를 실험하기 위해 연구진은 동물과 인간에게 도파민 작용을 줄이는 억제제를 투여했답니다. 그러자 새들은 노래하기를 멈추었고, 포유류는 놀이를 중단했어요. 사람들은 무기력해지고 게을러졌고요. 이를 통해 동물과 인간의 행동에 동일한 근거가 있다고 말할 수 있게 되었어요. 그러니까 동물이 놀거나 노래할 때 우리와 비슷하게 느끼고 즐거워한다고 해도 틀린 말은 아니랍니다.

노래를 부를 때 재미를 느끼는 사람이라면 노래하는 새의 기분이 어떨지 알 거예요.

정보 상자

보상 시스템은 우리 삶에 아주 중요해요. 지루해도 중요한 일을 하도록 해 주니까요. 그런데 이것은 사람마다 조금씩 다르게 발현된답니다. 누구는 몇 시간 동안 피아노 앞에 앉아 있을 수 있고, 누구는 같은 시간 동안 우표를 모으거나 컴퓨터 게임을 할 수 있어요. 자기 일에 엄청나게 재미를 느끼는 사람도 있고요. 저는 글을 쓸 때면 주변의 일을 까맣게 잊어버린답니다. 저의 보상 시스템이 그렇게 하도록 도와줘요. 성공에 대한 보상이 아니라 '성공을 향해 나아가는 일'에 대한 보상이기 때문이에요. 자연의 기발한 트릭이지요! 이것이 동물과 인간의 행동에 얼마나 중요한지는 아무리 설명해도 부족할 정도랍니다.

사회생활

함께할 때 우리는 강해져요

공동체는 자연의 가장 오랜 발명품!

우리는 왜 혼자 있기 싫어할까요? 친구들이 나를 못 본 체하면 왜 마음이 아플까요? 우리 인간뿐 아니라 동물도 대부분 다른 이들과 함께 살아요. 이것을 '사회생활'이라고 불러요. 사회생활은 자연이 만든 가장 기발하고 오래된 발명품이에요. 박테리아조차 공동체성이 있답니다. 박테리아는 이가 없어서 몸 밖에서 소화를 할 수밖에 없어요. 이를 위해 소화액(**효소**)을 주변에 분비해요. 박테리아는 함께 더 높은 농도의 소화액을 만들어 주변의 양분을 한층 효율적으로 빨아들일 수 있어요. 하지만 여기에는 이보다 중요한 사실이 있답니다.

알다시피 생물은 세포로 이루어져 있어요. 가장 단순한 생명체로는 짚신벌레가 있는데, 짚신벌레는 단 하나의 세포로 이루어졌어요. 어느 순간, 이 단세포 생물들은 함께 있을 때 더욱 강해진다는 사실을 "깨달았어요." 그래서 각각의 세포가 서로 붙어 있게 되었어요. 해면이 좋은 예랍니다(21쪽 실험을 보세요). **진화** 과정에서 이러한 단순한 다세포 생물로부터 우리와 같은 고등 생명체가 탄생했어요.

하지만 단세포 생물도, 우리 몸의 모든 세포도 사실은 혼자가 아니랍니다. 수백만 년 전에 큰 생물이 자기보다 작은 생물을 잡아먹었지만 다행스럽게도 소화를 시키지 못했어요(**세포 내 공생설**). 이 작은 생물들이 우리 몸의 모든 세포

박테리아 같은 단세포 생물도 다른 생물과 함께 살아가고 싶어 해요.

속에서 여전히 살고 있지요. 인간뿐 아니라 동물과 식물 그리고 균류에도 있어요. 이것을 **엽록체**와 **미토콘드리아**라고 부른답니다. 엽록체는 식물을 초록색으로 물들여요. **엽록소**라는 색소는 햇빛과 물, 공기를 당으로 만들어요. 사과가 단맛이 나는 이유는 사과나무의 초록색 잎이 열매에 달콤한 과즙을 운반해 주기 때문이지요.

이처럼 함께 사는 것에는 커다란 이점이 있어서 대부분의 생명체는 다른 동료와 함께 있으려는 내적 충동을 느껴요. 이렇게 설명하는 것이 바로 동물행동학이에요. 동물행동학은 동물의 행동과 그 원인을 연구하지요. 내적 충동이 어떻게 생기는지는 뒤에 나오는 **생각하기**와 **느끼기** 단원에서 함께 살펴보도록 해요.

공동체 안에서 함께 살아가는 일은 그리 쉽지 않아요. 사기꾼은 미리 알아차려야 하고 친구는 잊지 않아야 하거든요. 이를 '큰 뇌 이론'이라고 해요.

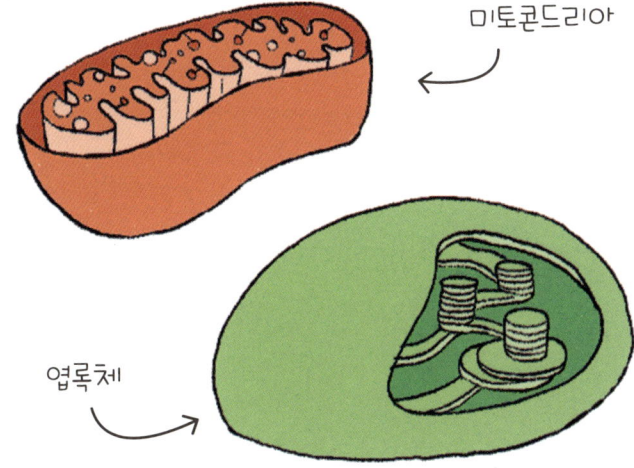

미토콘드리아

엽록체

사회생활

정보 상자

큰 뇌 이론에 따르면, 크고 복잡하게 만들어진 뇌는 사회생활이라는 높은 차원의 정신 활동을 잘 해내기 위해 발전했어요. 동물은 누가 자신을 도왔는지 또는 해쳤는지 잘 기억해야 해요. 예전에는 동물이 현재만 생각하며 산다고 믿었어요. 하지만 이제는 작은 쥐도 지난 일을 기억하고 지식과 경험에 따라 움직인다는 사실을 알고 있지요. 또한 다른 누군가의 입장에서 생각하는 능력도 도움이 된답니다. 그러면 누군가를 속일 수도 있고, 불쌍하게 여길 수도 있어요. 잘 발달한 뇌가 없다면 이런 일은 불가능하겠지요.

그런데 똑똑하지만 홀로 사는 동물도 있기 때문에 이 이론은 다툼의 여지가 있답니다.

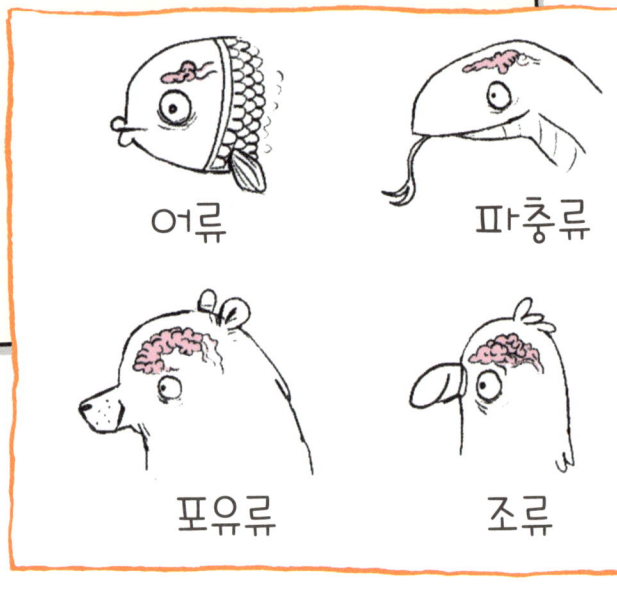

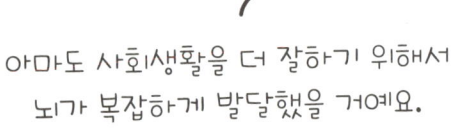

아마도 사회생활을 더 잘하기 위해서 뇌가 복잡하게 발달했을 거예요.

실험

옛날에는 해면이 한곳에서 그대로 자라나기 때문에 식물이라고 생각했어요. 하지만 지금은 해면이 원시적 형태의 다세포 동물이라는 사실을 알고 있지요. 세포를 분리하려면 체에 밀어 넣으면 돼요. 그러면 세포들 사이의 연결이 끊어져요. 마치 찍찍이가 떨어지는 것처럼요. 세포를 다시 붙일 수도 있어요. 과학자들은 이런 실험을 100년도 전에 했어요. 훗날 다른 종의 세포를 떼어 놓아도 각각 자기 종으로 되돌아와 붙는다는 사실을 발견하고는 놀라기도 했지요. 심지어 해면은 세포를 원위치로 되돌려 놓는답니다.

실험을 해 보고 싶다면 살아 있는 해면을 새끼손톱만큼 작게 조각내 촘촘한 체에 넣고 물속에서 조심조심 문질러 보세요. 그러면 마법처럼 조각들이 다시 붙는 모습을 보게 될 거예요.

하지만 그냥 제 말을 믿고 해면을 가만히 내버려 두는 게 어때요?

사회생활

대장이 항상 결정권을 갖지는 않아요

강자가 늘 대장은 아니에요!

자연에서는 "강한 자가 이긴다"라는 말이 딱 맞는다고 생각하는 사람들이 많아요. 동물은 매일매일 생존을 위해 싸우지요. 매번 온 힘을 다해 맞서 싸워요. 자연을 다룬 다큐멘터리를 볼 때 우리는 사자가 우리가 아니라 가젤을 잡아먹는 모습을 흥미진진하게 지켜보며 즐거워해요. 먹고 먹히는 것은 야생에서 가장 중요한 법칙 같아요.

하지만 동물들에 대해 그리고 동물들의 공생에 대해 알면 알수록 그런 생각이 옳다고 말할 수 없어요. 왜냐하면 동물들은 서로 몸을 비비고 사랑을 나누며, 함께 서열을 정하고 사냥을 나가서 먹이를 공정하게 나눠 먹고, 기꺼이 돕고 예의 바르게 행동하니까요.

앞에서 보았듯이 많은 과학자가 사회생활이 우리의 생각과 뇌를 발전시키는 데 중요한 역할을 한다고 생각해요. 마찬가지로 누가 무리를 지휘하는지 살펴보는 것도 재미있답니다. 옛날에는 으레 가장 힘센 동물일 것이라고 생각했어요. 하지만 이제는 다양한 사례가 있다는 사실을 잘 알고 있지요.

점박이하이에나 무리에서는 암컷이 대장이에요. 가장 약하고 가장 미숙한 암컷일지라도 수컷

점박이하이에나는 악명이 높지만 아주 똑똑한 동물에 속해요.

보다 목소리가 커요. 그러나 암컷도 평등하지는 않아요. 점박이하이에나 무리는 왕위를 딸에게 물려주는 군주제거든요. 학자들은 이를 족벌주의라고 부르기도 해요. 유전학 연구에 따르면, 대개 사회적으로 더 높은 위치에 있는 동물들이 더 오래 살고 더 건강하다고 해요.

하지만 자연에 군주제만 있는 것은 아니에요. 민주주의도 있답니다. 개코원숭이는 수컷도 암컷도 대장이 될 수 있어요. 그런데 이 방향으로 갈지, 저 방향으로 갈지 정할 때 대장 혼자 결정하는 것이 아니라 무리가 함께 결정하는 모습을 꽤 많이 관찰할 수 있답니다. 결정 방법은 원숭이들이 이리저리 움직여 무리를 짓는 것으로 시작해요. 이 무리로 또는 저 무리로 들어가거나 아니면 이전에 있던 무리로 되돌아가기도 해요. 무리 전체가 한 방향으로 모이면 결정이 이루어져요.

정보 상자

족벌주의란 친족 경영처럼 자신과 가까운 사람을 우대하는 것을 뜻해요. 우리 인간도 이런 사회에서 살고 있어요. 부잣집에서 태어난 아이들은 더 나은 교육을 받고 부모님의 인맥 덕분에 쉽게 좋은 직업을 얻지요. 이런 일은 공정하지 않으므로 도덕적으로 비난받아 마땅해요. 하지만 여러분이 낯선 사람과 친한 사람 중에 누구를 더 돕고 싶을지 생각해 본다면 동물들이 공정하지 않게 행동하는 이유를 쉽게 이해할 수 있을 거예요.

사회생활

동맹과 네트워크

동물도 친구가 있어요!

혹시 이사해 본 적 있나요? 새로운 학교에서 다시 내 자리를 찾고 새로운 친구들을 만들어야 했겠지요? 그렇다면 이런 일이 얼마나 어려운지 잘 알 거예요. 그런 경험이 없더라도 적어도 상상은 해 볼 수 있겠지요. 여러분 반에 전학 온 친구가 한 명쯤은 있었을 테니까요. 저마다 친한 친구들이 있지만 전학생은 외톨이일 거예요. 혼자라고 느끼면 그다지 기분이 좋지 않지만, 이런 기분은 우리가 공동체에 빠르게 합류하도록 해 주어요. 무리를 지어 살아가는 동물 종이라면 무리에 속하는 편이 유리하답니다. 음식도 함께 나누고, 일도 나눠서 하지요. 예를 들어 땅다람쥐 중에는 천적이 가까이 오는지 망보는 역할이 있어요. 망보는 일을 하면 보상으로 다른 친구들의 먹이를 받고 사회적으로 높은 지위를 얻어요. 다른 친구들이 다가와 몸을 비비는 것을 보면 이런 사실을 알 수 있답니다.

코끼리도 우리처럼 친구가 있어요.

동물행동학은 이러한 관계를 조사하고 이해하는 일에 재미를 느껴요. 이를 위해 네트워크 분석이라는 것을 해요(27쪽 실험을 보세요). 과학은 우정에 대해서는 별로 이야기하지 않지만, 동물들 사이의 밀접한 관계를 뜻하는 동맹에 대해서는 많이 이야기해요. 동맹은 세 가지로 나뉘어요(정보 상자를 보세요).

정보 상자 1

1차 동맹은 바로 가족이에요. 새끼를 돌보는 동물은 모두 이런 동맹을 맺고 있어요. 여기에는 가족, 무리, 떼가 있어요. 이런 동맹을 맺는 동물은 대부분 시간을 함께 보낸답니다.

정보 상자 2

2차 동맹은 조금 더 복잡해요. 예를 들어 여러분이 학교에 간다고 하면 1차 동맹에서 벗어나는 것이에요. 부모님께서 일터로 가시거나 마을의 농부들이 논밭에 함께 일하러 나가는 것처럼요. 그러면 이제 2차 동맹에 속하게 되는 거예요. 학자들은 이를 '분열-융합 사회(Fission-Fusion Society)'라고도 해요. 쉽게 말해 각자 떨어졌다가 다시 만난다는 뜻이에요. 이런 공동체를 이루고 사는 동물로는 유인원, 고래와 돌고래, 아프리카코끼리, 사자와 하이에나뿐 아니라 노루, 기린, 얼룩말, 박쥐가 있고, 물고기 중에도 있어요.

정보 상자 3

3차 동맹은 아주 특별해요. 뱀에 대해서라면 무엇이든 다 알고 있는 친구가 있다고 상상해 보세요. 몇 년이 흐른 뒤 다른 학교에서 뱀을 주제로 발표해야 한다면 어떻게 하겠어요? 바로 전화기를 들고 뱀 전문가 친구에게 연락하겠지요. 이는 지금 일상생활에는 필요하지 않은 동맹으로 다시 돌아가는 것과 같아요. 얼마 전까지만 해도 오직 인간만이 이런 동맹을 맺을 수 있다고 생각했어요. 하지만 서호주에 사는 돌고래도 똑같이 할 수 있다는 사실이 알려졌답니다. 돌고래는 과거를 기억하기 때문에 예전에 알고 지내던 친구들을 곧바로 알아볼 수 있어요.

돌고래는 몇십 년이 지나도 옛 친구를 기억해 낼 수 있어요.

네트워크 분석: 이 실험을 하려면 친구들의 도움이 필요해요. 선생님께 도움을 요청할 수도 있고요. 사람들을 모았다면 다음과 같은 질문을 몇 가지 만들어 보세요.

○○와 아래 활동을 함께하고 싶은 사람?

- 🐾 계산대 앞에 줄 서기
- 🐾 춤추기
- 🐾 숙제하기
- 🐾 화장실에 갇히기
- 🐾 축구하기
- 🐾 그 밖의 일들

실험에 참여한 사람들은 질문에 모두 대답해야 해요. 그런 다음 큰 종이에 실험에 참여한 사람의 이름을 모두 쓰고, 활동을 함께하고 싶은 사람끼리 선을 그어 연결해요. 그러면 누가 누구와 무슨 일을 함께하고 싶은지 쉽게 알 수 있어요. 그런데 다른 사람과 연결된 선이 없는 친구도 있을 수 있어요. 이유는 많겠지요. 질문이 별로 좋지 않았을 수도 있어요. 어쩌면 누군가는 '외톨이'일 수도 있고요. 공동체에서 외톨이는 특별한 의미가 있답니다. 성격에 따라 외톨이는 남들이 하지 않는 일을 밀어붙이고 해내기도 해요. 결국에는 이들의 발견이 모두에게 도움이 되기도 하지요. 또는 유난히 내성적이어서 남들이 하는 것을 따라 하지 않는 외톨이도 있어요. 모두가 잘못할 때 차분한 그 사람이 사회의 구원자가 될 수도 있지요. 이렇게 모든 사람은 저마다 소중하고, 모든 행동에는 장단점이 있답니다.

사회생활

동물이 항상 사회생활을 하는 것은 아니에요

공동체 없는 삶에도 장점이 있어요!

사자는 공동체를 좋아해서 무리 안에서 살아요.

우리 인간은 홀로 사는 것을 상상하기 어렵지만, 많은 동물에게는 아주 당연한 일이에요. 꿀벌과 개미는 매우 복잡한 공동생활을 하는 곤충으로 알려져 있지만, 나나니벌처럼 혼자 사는 것을 좋아하는 곤충도 많답니다. 홀로 있기를 좋아하는 동물들도 있어요. 호랑이는 혼자 지낸다고 들어 보았을 거예요. 반면에 사자는 무리 지어 살지요.

여기에는 서식지가 중요하기도 해요. 사자는 넓은 영역에서 살지만 먹잇감이 골고루 있지는 않아요. 땅이 대부분 평평해 사자의 먹잇감이 되는 동물들이 아주 멀리서부터 사자를 볼 수 있어서 제때 도망칠 수 있지요. 사자는 동료들과 함께 먹잇감을 잘 몰아 도망갈 곳을 막아 버려요. 이와 달리 호랑이는 숲에서 사냥하기 때문에 목표에 슬그머니 잘 다가갈 수 있어요. 이런 환경에서 큰 무리는 사냥에 방해만 되겠지요.

오랑우탄은 진짜 외톨이랍니다.

먹잇감의 크기도 중요해요. 먹잇감이 작아서 나눠 먹기 힘들다면 무리를 지어 사냥할 필요가 없지요. 그래서 오랫동안 여우는 외톨이라고 생각했어요. 하지만 실제로는 사냥에 나설 때만 혼자일 뿐이랍니다.

오랑우탄은 조금 특별해요. 공동체 안에서 살기 싫어하는 유일한 유인원이거든요. 호랑이와 비슷하게 오랑우탄은 빽빽한 정글에서 살아요. 하지만 오랑우탄은 호랑이처럼 먹잇감에 몰래 다가가는 것이 중요하지 않아요. 오랑우탄은 초식동물이기 때문이지요. 숲에는 숨을 곳이 많아서 무리를 지어 자신을 보호할 필요가 없어요. 오랑우탄이 얼마나 혼자 있고 싶어 하냐면, 수컷 오랑우탄은 저녁마다 자기가 다음 날 아침에 산책하려는 방향을 향해 울부짖어요. 그러면 문제를 일으키고 싶지 않은 다른 오랑우탄들이 그 소리를 듣고 자리를 피하거든요. 이를 위해 수컷 오랑우탄은 확성기처럼 작용하는 커다란 볼을 가지고 있답니다.

거기 내 자리야!

성격이 있는 동물들

인간뿐 아니라 동물도 저마다 성격이 있어요.

성격이 있는 동물들

성격

다양성이 중요해요!

혹시 집에서 동물을 키우거나 동물을 잘 알고 있나요? 성격이 아주 다른 강아지 두 마리를 본 적이 있나요? 옛날에는 동물은 성격이 다양하지 않다고 믿었어요. 그냥 개는 개이고 고양이는 고양이라고 생각했지요. 품종이 다양한데도 개는 다 성격이 정해져 있다고 보았어요. 얼마 전 어머니께 동물의 성격에 대해 이야기해 드렸어요. 동물에게도 개성과 성격이 있다는 사실을 알게 되자 어머니는 안도하셨답니다. 학교에서 그것은 단지 '의인화'일 뿐이라고 배웠지만, 어머니의 경험은 배운 것과는 완전히 달랐으니까요.

오늘날 우리는 성격, 기질, 성향 또는 개성이라고 부르는 것들이 자연이 오래전에 만든 발명품이라는 사실을 잘 알고 있어요. 생물학에서는 이를 '일관된 개체차'(크게 변하지 않는 개별적 차이)라고 한답니다. 곤충처럼 비교적 단순한 생물도 모두 달라요.

집게(소라게)는 버려진 달팽이 껍질에서 살아요. 놀랐을 때 얼마나 오래 그 안에 숨어 있는지는 집게의 성격에 따라 다르답니다.

불가사리도 각자 자기만의 취향이 있어요.

이 모든 것이 자연의 기발한 트릭이에요. 모두가 똑같이 생각하는 집단에 있다고 상상해 보세요. 그 무리가 우리 반이라면 엄청 평화롭겠지요? 물론 참가 인원이 정해져 있는 특별 활동을 모집한다면 아주 곤란할 거예요. 반 친구들 모두가 하고 싶어 할 테니까요. 이때 관심이 없는 친구가 있다면 얼마나 좋을까요! 자연도 마찬가지랍니다.

예를 들어 유달리 용감하고 새로운 것을 시도하길 좋아하는 동물이 있어요. 이 동물이 먹이가 있는 곳을 처음 발견한다면 아주 배부르게 먹을 수 있겠지요. 하지만 '겁쟁이'도 중요해요. 왜냐하면 용감한 동물들이 잡아먹히더라도 겁쟁이가 살아남아 그 종이 계속 생존할 수 있으니까요. 아마도 자연에서 다양성보다 더 아름다운 것은 없을 거예요.

성격이 있는 동물들

돌고래는 이름이 있어요

내 이름, 그게 나예요!

"헤이, 핀!"

사람에게는 왜 이름이 필요할까요? 서로 이름을 부를 수도 있지만, "어이"나 "거기 너"라고 말해도 충분할 것 같지 않나요? 서로를 부를 때는 이름이 꼭 필요하지는 않지만, 누군가에 대해 이야기할 때는 이름이 있으면 편리하지요. "레오니가 어제 누구랑 뽀뽀했는지 알아?" 또는 "요나스가 오늘 숙제했던가?"처럼요. 그런데 동물에게도 이름이 있을까요?

대부분의 동물들은 동료와 의사소통을 잘해요. "조심해! 저기 누가 온다!", "여기서 빨리 도망쳐!", "이리 와!" 같은 외침도 있지요. 누가 말하는지는 전혀 중요하지 않아요. 그런데 목소리로 서로를 알아보는 동물도 있어요. 예를 들어 개는 짖는 소리를 듣고 저

비상 상황에서는 누가 외치든 소리가 커야 해요.

"이봐… 거기 너!"

아래 집에 사는 이웃집 개를 알아챌 수 있답니다. 목소리로 서로를 알아차리는 동물에게는 각각의 상대가 중요해요. 친구도 있지만 사기꾼도 있

"안녕, 구트룬!"

으니까요(66쪽 **거짓말의 발명**을 보세요). 그렇다면 소리를 내는 상대를 정확하게 파악하는 것이 중요하겠지요?

목소리로 상대를 알아차릴 뿐만 아니라 자기 이름이 있는 동물도 있어요. 아직은 **가설**이지만, 돌고래는 우리의 이름처럼 자신을 알려주는 휘파람 소리가 있다고 해요. 새끼 돌고래는 엄마의 휘파람 소리를 듣고 따라 하다가 몇 달이 지나면 그 소리를 자기만의 휘파람 소리로 바꾼답니다. 돌고래는 이 휘파람 소리를 평생 간직해요. 그래서 수십 년이 지난 뒤에도 이 소리로 친했던 돌고래를 기억해 낼 수 있어요.

개는 소리로 서로를 알아보는 몇 안 되는 동물로, 짖을 때 미안하다고 표현하기도 해요.

성격이 있는 동물들

돌고래와 앵무새도 우리처럼 이름이 있어요.
하지만 말이 아니라 휘파람 소리예요.

지금까지 돌고래가 휘파람 소리를 바꾼다고 알려진 유일한 이유는 정말 깜찍하답니다. 돌고래는 암컷과 수컷이 따로 살아요. 아마 수족관에서 본 것과는 다를 거예요. 암컷은 대개 자기와 상황이 비슷한 암컷들, 예를 들면 새끼가 두 살쯤 된 암컷들과 함께 살아요. 반면에 수컷은 평생 다른 수컷과 함께 살아요. 이를 다른 수컷에게 확실하게 알리기 위해 두 수컷의 휘파람 소리를 합쳐 새로운 휘파람 소리를 만들어요. 비유하자면, 서양에서 결혼한 부부가 똑같은 성을 쓰는 것과 같아요. 정말 신기하지요?

실험

친구들과 함께 눈을 가리고 둥그렇게 원을 그리며 서 보세요. 혼자만 눈을 가리지 않은 술래가 누군가의 팔을 만져요. 그럼 그 아이는 "아버지가방에들어가신다"라고 말해요. 그런 다음 술래가 또 다른 사람의 팔을 만지면 그 사람은 방금 말한 사람이 누구인지 맞혀야 해요. 친구의 목소리라 쉽게 맞힐 수 있겠지요? 이제 순서를 바꾸고 다시 처음부터 해 봐요. 이번에는 목소리를 꾸며 내어 "아버지가방에들어가신다"를 말하게 해요. 들키지 않으려면 무척 노력해야 할 거예요. "아버지가방에들어가신다"가 뭐냐고요? "아버지가 방에 들어가신다"잖아요!

성격이 있는 동물들

삶에 대한 기억

동물도 생애를 기억하고 과거의 실수로부터 배워요.

"**동물은** 현재에 살고, 미래를 계획할 수 없으며, 과거를 기억할 수 없습니다." 대학교 때까지 저는 이렇게 배웠어요. 유일한 예외는 제빵사에게 빵 한 덩이를 받은 서커스 코끼리였어요. 그 코끼리는 수십 년 뒤 제빵사를 다시 만났을 때 멈춰 서서 빵을 달라고 했대요. 하지만 오늘날 우리는 코끼리만 기억력이 좋은 것은 아니라는 사실을 알고 있지요.

조금 전에 배웠듯이 돌고래는 수십 년이 지나도 친했던 돌고래의 휘파람 소리를 기억할 수 있어요. 서호주에 사는 돌고래들 사이의 복잡한 동맹 관계도 평생의 기억으로만 설명할 수 있지요. 다시 말해 우리 인간만 자기 인생을 기억하는 것은 아니에요. 학자들은 이러한 기억을 **일화 기억**이라고 불러요.

일화 기억은 다른 장기 기억 형태(정보 상자를 참고하세요)와 달리 매우 민감해요. 그래서 사고를 당한 뒤 걷고 말하고 일할 수는 있지만, 자기 자신이나 과거에 대한 기억이 아예 없어지기도

↑ 코끼리는 기억력이 좋기로 유명해요. 하지만 다른 많은 동물도 과거를 기억한답니다. 조그만 쥐조차도요.

해요. 이에 대해서는 다음 장에서 더 자세히 이야기할게요.

안타깝게도 알츠하이머와 같은 질병도 일화 기억에 영향을 미쳐요. 제약 회사들은 이 문제를 해결할 약을 찾고 있어요. 하지만 서로 다른 뇌의 영역이 기억의 작은 부분인 **기억 흔적**을 저장하는 일에 관련되어 있어서 쉽지 않답니다. 과학자들은 쥐의 일화 기억을 연구하고 있는데, 믿기지 않겠지만 쥐의 일화 기억이 우리 인간과 매우 비슷하기 때문이에요. 쥐에게도 일화 기억이 있으니까 우리처럼 생애에 대한 기억도 있을 거예요.

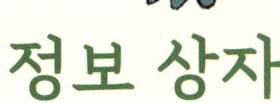

장기 기억이라는 것이 있어요. 기억이라고 다 같지는 않답니다. 걷는 방법, 자전거 타는 방법, 수영하는 방법은 잊어버릴 수 없어요. 일단 동작 과정을 배우면 **절차 기억**에 영원히 저장되지요. 이것은 사실적 지식에 대한 기억과는 상당히 달라요. 특정 정보, 예를 들어 '의미 기억=사실적 지식에 대한 기억'이라는 용어를 한동안 기억해 내지 않는다면 이 용어는 우리 기억에서 사라져 버려요.

안타깝게도 일화 기억, 즉 우리의 생애를 저장하는 기억도 그리 믿을 만하지 못해요. 그래서 사람들이 함께 경험한 일을 두고 싸우기도 하지요. 각자 자기가 지난 일을 그대로 기억한다고 생각하기 때문이에요.

성격이 있는 동물들

살이 찌면 기억력이 약해질 수 있어요

건강한 식습관과 운동은 우리 삶을 풍요롭게 만들어요. 기억력도 좋아져요!

누군가 여러분의 기억을 조작한다면 기분이 좋을까요? 아마 아닐 거예요. 그런데 과체중인 사람들을 대상으로 한 실험에서 이런 일이 일어났어요. 실험에 참가한 사람들은 어린 시절에 특정한 건강식을 먹어야만 낫는 병을 앓은 적이 있다는 이야기를 들었어요. 실험은 이것과 아무런 상관이 없었는데, 이 정보가 실험 속에 감춰져 있었지요. 사실 그 실험은 참가자들의 주의를 다른 곳으로 돌리기 위한 가짜 실험이었답니다.

비만은 기억력을 떨어뜨려
삶에 대한 기억을 감소시켜요.
건강한 식습관이 이를 예방하지요.

증인 진술은 중요하지만, 판사들은 인간의 기억이 완벽하지 않으며 쉽게 속을 수도 있다는 점을 알고 있어요.

에서 알 수 있듯이 우리의 기억은 명확하지 않아요. 다른 실험에서 한 번도 열기구를 탄 적이 없는 참가자들에게 어린 시절 사진을 편집해서 보여 주었어요. 그랬더니 참가자 중 절반이 옛날에 자신이 열기구를 탄 적이 있다고 생각하며 그때의 감정이나 상황을 술술 이야기했다고 해요.

이러한 연구는 예를 들어 법정에서 증인 진술을 평가할 때도 매우 중요하답니다. 우리의 기억은 우리가 생각하는 만큼 완벽하지 않으니까요.

실험이 끝난 뒤에 참가자들의 식단을 분석해 보았어요. 그랬더니 어린 시절에 전혀 아프지 않았던 사람들도 건강한 식단으로 바꾸고 더 건강해진 경우가 많았어요. 그들에게 이유를 물었더니 어렸을 때 큰 병을 앓아서 건강식을 먹어야 낫는다고 했대요. 그러니까 그들은 꾸며 낸 이야기를 자기 생애의 일부라고 믿은 거예요.

아마도 다른 동물들과 마찬가지로 우리에게도 이러한 약점이 있을 거예요. 여기서 요점은 우리 인간도 완벽하지 않으며, 우리가 옳다고 여기는 것이 종종 착각일 수도 있다는 사실이에요.

참가자의 기억을 조작했지만 결국 건강에 도움을 주었다며 이 실험은 정당화되었어요. 실험

성격이 있는 동물들

거미의 직업

유전자만이 우리 행동을 결정하는 것은 아니에요.
각자의 취향도 중요해요.

성격에 따라 직업을 선택하는 거미 종이 있다고 상상할 수 있나요? 믿을 수 없겠지만 사실이에요. 아마도 동물 중에 다른 개체와 생김새가 상당히 다르게 보이는 종이 있다는 점을 눈치챘을 거예요. 단순히 수컷과 암컷의 차이를 말하는 것은 아니에요. 개미나 벌처럼 군체를 이루어 사는 곤충을 보면 암컷, 수컷 사이에 뚜렷한 차이가 있답니다. 일개미 사이에도 차이가 있어요. 예를 들어 군대개미 중에는 큰 머리와 튼튼한 집게(아래턱뼈)가 있는 병정개미가 있어요. 먹는 음식이나 환경 조건에 따라서 서로 다른 유전자가 활성화되기도 하고 비활성화되기도 해요. 이것

벌이나 개미는 외부 환경에 따라 일꾼이 될지 병정이 될지 정해져요.

아넬로시무스 스투디오수스는 각자 취향에 따라 아기 돌보미나 군인으로 일하는 거미예요.

이 유전자 청사진이 같은 데도 다른 모습의 동물이 생겨나는 이유랍니다. 그렇다고 해도 병정개미가 갑자기 여왕개미가 될 수는 없지만요.

아마존강 유역에 사는 과부거미는 조금 특별해요. 이 거미 종은 다른 거미들과 달리 공동체 생활을 해요. 공동체 안에서 분업이 이루어져서 유치원 선생님도 있고 영토를 지키는 군인도 있어요. 유전이나 환경의 영향으로 두 직업이 어떻게 나뉘는지는 아직 알아내지 못했어요. 그래서 연구자들은 과부거미들이 각자 취향에 따라 직업을 선택한다고 믿고 있어요.

자의식

자기 자신에 대한 의식은 오랫동안
인간만의 특성으로 여겼어요. 이제는 많은
동물도 자의식이 있다고 알고 있지요.

자의식

거울 실험

거울아~ 거울아~
거울 속 모습이 나라는 걸 알아챘나요?

아침마다 거울을 볼 때 거울 속에 누가 보이는지 궁금해하지 않을 거예요. 때로는 졸리고, 때로는 다가올 하루가 궁금한 자신의 모습이 보이겠지요. 하지만 거울 속 자신을 알아보는 능력은 당연한 것이 아니에요.

왜냐고요? 거울 속의 나를 인식하려면 자의식이 있어야 하기 때문에 자기 자신에 대해 알고 있어야 하거든요. 당연한 것 아니냐고 생각하겠지만, 동생처럼 어린 아이에게도 자의식이 있는지 생각해 본 적이 있나요? 거울 속 내 모습을 알아보는 능력은 태어난 지 18개월에서 24개월이 되어서야 비로소 생겨난답니다. 동물은 어떨까요? 북극곰과 강아지는 자의식이 있을까요? 어떻게 하면 이것을 알아낼 수 있을까요?

동물행동학에서는 거울을 가지고 실험을 한답니다. 실험을 통과하려면 동물은 자기 자신에 대한 의식이 있어야 해요. 그런 의식이 없다면 거울 속에서 자신을 알아볼 수 없어요. 우리 인간은 쉽게 이 실험을 통과하지요. 우리는 자신을 인식하고 스스로에 대해 생각할 수도 있어요. 거

울 앞에서 머리를 기를지 자를지, 아니면 여드름을 짤지 말지 결정하지요.

안타깝게도 우리는 동물에게 거울 속 자기 모습을 알아보는지 물어볼 수 없어요. 그래서 우리는 동물의 행동을 관찰해야 하지요. 믿기 어렵겠지만 거울 앞에서 아주 다양한 행동을 하는 동물들을 곧 볼 수 있을 거예요.

누구든 착각할 수 있어요.

자의식

거울을 못 알아봐요

거울로 뭘 하라는 거지?
아무 냄새도 안 나잖아!

벌레, 벌, 햄스터, 개와 같은 대부분의 동물은 자기 주변에 있는 거울을 알아보지 못해요. 동물들에게 거울은 의미 없는 물건일 뿐이지요. 하지만 섣불리 결론을 내리지 않도록 조심해야 해요. 동물에게 시각은 아주 작은 역할만 하는 것인지도 모르니까요. 후각은 좋지만 시력이 좋지 않은 동물은 거울을 알아보지는 못하지만 냄새에는 반응할 수 있어요. 그러니까 동물이 거울에 반응을 보이지 않는다고 해서 자의식이 없다고 단정할 수는 없어요.

동물은 거울에 다양하게 반응해요.

동물들은 대부분 거울을 가볍게 무시해요.

정보 상자

거울에 대한 동물의 반응

- 🐾 거울을 무시해요.
- 🐾 거울 앞에서 사회적 행동을 보여요.
- 🐾 숨겨진 먹이를 찾기 위해 거울을 활용해요.
- 🐾 자기 엉덩이나 보이지 않는 다른 신체 부위를 보기 위해 사용해요.
- 🐾 거울에 붙인 표시를 발견하고는 떼어 내려고 해요.

자의식

친구이자
적이 되는 거울

거울은 사회적 상대가 되지요!

생물학에서 사회적 행동이란 같은 종의 동물이 서로에게 보이는 행동을 말해요. 동물은 거울에 비친 자기 모습을 보고 동료라고 착각해 여러 가지 사회적 행동을 보인답니다. 이것은 매우 다양한 반응으로 나타나요. 예를 들어 투어('싸우는 물고기'라는 뜻이에요)는 굉장히 공격적인 행동으로 반응해요. 투어의 영역에 거울을 놓으면 지칠 때까지 거울 속 자기 모습과 싸운답니다.

하지만 사랑앵무는 정반대로 받아들여요. 사랑앵무는 거울에 비친 자기 모습을 다른 사랑앵무라고 생각해 더는 외롭지 않다고 느껴요. 하지만 거울 속 모습이 진짜 짝이 될 수는 없지요.

거울에 비친 자기 모습을 친구라고 착각해 몸을 비비는 동물들도 있어요.

정보 상자

주의! 거울 실험이 동물에게 공격적인 행동을 일으킨다면 당장 멈춰야 해요. 자연 상태에서는 대부분 상처 없이 싸움이 끝나요. 가벼운 상처도 치명적인 염증이나 질병으로 이어질 수 있기 때문이에요. 그래서 동물들은 싸우다가도 재빨리 졌다는 몸짓을 해서 싸움을 끝내지요. 하지만 거울에 비친 자기는 항복하지 않기 때문에 상황이 극으로 치달아요. 이런 일이 벌어지지 않도록 막아야 해요!

투어는 거울 속 자기 모습을 보고 다른 물고기라 생각해 자기 영역을 지키려 해요.

자의식

거울을 도구로 사용해요

숨겨진 것을 찾으려고 치과의사만 거울을 쓰는 것은 아니에요!

지금부터가 진짜 재미있어요. 여기에서 소개할 동물들은 거울의 기능을 이해해서 정말 대단한 능력을 발휘하거든요.

돼지는 거울을 도구로 사용해요. 돼지는 거울에 비친 먹이를 보고는 먼저 거울 앞으로 달려갔다가 거기서 먹이가 있는 쪽으로 가지 않아요. 오히려 거울을 보고 먹이가 있는 데로 가는 가장 좋은 길을 고른답니다.

돼지는 거울의 작동 방식을 이해해 거울을 도구로 사용해요.

자의식

멀리 있는 거울에도 반응해요

내 엉덩이가 최고로 예쁘네!

많은 동물이 보이지 않는 신체 부위를 보려고 거울을 이용해요.

여러분도 거울 앞에 서서 이런저런 표정을 지어 본 적이 있을 거예요. 저도 가끔 피곤할 때 그러곤 한답니다. 스스로에게 미소를 지어 보이면 기분이 훨씬 좋아지지요. 이와 비슷하게 거울을 사용하는 동물들도 있어요. 아기처럼 거울 앞에서 왔다 갔다 하면서 상대가 똑같이 움직인다며 재미있어 해요. 이런 행동은 거울이 멀리 있더라도 효과를 나타내기 때문에 무척 흥미로워요.

그런데 어느 정도 시간이 지나면 평소에 볼 수 없는 자기 신체 부위를 비춰 보는 동물도 있어요. 이것이 자의식의 신호라고 생각하는 동물행동학자들도 있어요. 예를 들어 개코원숭이가 아주 집중해서 자기 엉덩이를 관찰한다면, 분명히 자기 엉덩이에 관심이 있기 때문이겠지요. 다른 친구들의 엉덩이는 수도 없이 볼 수 있을 테니까요. 어떤 개코원숭이도 자기 엉덩이를 본다고 불쾌해하지는 않을 거예요.

자의식

이런, 이거 나잖아!

자의식이 있는 동물

거울 실험에서 최고로 어려운 과제는 자기 이마를 짚는 일이에요. 거울에 비친 자신을 알아보고 자의식이 있는 동물만 이런 행동을 할 수 있다고 가정하지요. 이 실험에서는 동물의 이마에 몰래 표시를 해 두어요. 그 동물이 거울을 보고 자기 이마를 짚으면 합격이에요.

일부 동물 종이 이것을 자연스럽게 하는 것을 보면, 동물도 사람처럼 거울에 비친 자신을 알아본다고 믿을 수밖에 없어요. 만일 동물이 거울에 비친 표시를 만지면 불합격이에요. 자신이 아니라 거울 속 친구에게 표시가 있다고 생각했기 때문이지요. 이러한 실험은 동물이 어떻게 생각하는지, 그리고 인간의 생각

오랑우탄은 거울 속 자기 모습을 문제없이 알아보지요.

과 동물의 생각이 얼마나 비슷한지 이해하려고 할 때 도움이 된답니다.

가장 먼저 성공한 실험 대상은 침팬지였어요. 지

금은 모든 유인원 종(침팬지, 고릴라, 오랑우탄, 인간)이 특정 나이가 되면 이 실험을 통과한다고 알려져 있어요. 하지만 이 실험에는 문제가 하나 있어요. 돌고래나 새는 어떻게 이마를 짚을 수 있을까요? 그래서 까치와 돌고래는 거울을 통해서만 볼 수 있는 신체 부위에 표시를 해 두었어요. 만약 이들이 그 부분을 평소보다 집중해서 더 오래 바라보면 실험을 통과했다고 여겼지요.

정보 상자 1

지금까지 거울 실험을 통과한 동물

- 유인원(인간, 침팬지, 고릴라, 오랑우탄)
- 코끼리
- 돌고래
- 까치(모두가 이 실험을 통과한 것은 아니에요.)
- 개미

거울에서 자기 모습을 알아본 까치들도 있어요.

자의식

정보 상자 2

주목! 동물에게도 어느 정도는 자의식이 있을 수 있어요. 시간이 지나면서 자의식이 더욱 발달하기도 해요. 걸음마 할 때와 비슷하지요. 처음에는 비틀거리지만 결국에는 아무 문제 없이 걸어가잖아요. 거울을 보며 자란 아이들은 거울을 거의 본 적 없는 아이들보다 더 일찍 이 실험을 통과해요. 이전에 인형 이마에 묻은 자국을 닦아 달라고 요청을 받은 아이들도 실험을 통과할 확률이 높아요. 동물도 마찬가지예요. 같은 종인데도 일부만 실험을 통과하기도 하고, 종 전체가 통과하기도 하지요.

↑ 이게 진짜 나야?

실험

동물이나 사람이 거울을 두고 어떤 행동을 하는지 관찰해 49쪽 정보 상자에 나오는 반응과 연결 지어 보세요. 거울 실험을 하려면 커다란 거울과 표시할 수 있는 무언가가 필요해요. 마커나 립스틱도 좋고, 스티커도 좋아요. 이제 실험에 참여할 사람이나 동물을 찾아보세요. 동물을 연구하고 싶다면 동물 친구가 이 실험을 재미있게 할 수 있도록 배려해 주어야 해요. 동물이 거울을 보고 공격적 반응을 보이면 즉시 실험을 끝내야 해요.

거울은 동물행동학에서 아주 중요한 실험 도구랍니다.

자의식

자의식과 자기 인식

작은 차이지만 중요해요!

최근 개미를 연구하던 과학자들이 무척 놀랐어요. 놀랍게도 개미가 가장 어려운 거울 실험을 통과했거든요. 정말로 이 작은 곤충이 거울 속 자신을 알아보고 표시를 지우려고 했어요. 그렇다면 개미도 자의식이 있는 걸까요?

아마 아닐 거예요. 자의식은 또 다른 능력이니까요. 여기서 잠깐 어른들도 잘 모르는 철학 개념을 이야기하려고 해요. 전문가들은 **메타 인지**와 **마음 이론**에 대해 말해요. 이 두 개념은 매우 중요해서 나중에 이 책에서도 다룰 거예요(128쪽 **공감은 최고의 능력** 단원을 보세요). 이 둘의 공통점은 생각, 감정, 행동, 지식에 대해 생각하는 능력이에요. 만약 내일 보고서를 써야 한다면, 필요한 모든 것을 다 배웠는지 생각하겠지요. 즉 여러분의 지식에 대해 생각하는 거예요. 또 자신에 대해 생각하고, 머리를 다시 하러 가야 할지 스스로에게 물어볼 수도 있어요. 얼마 전까지만 해도 이런 능력은 인간에게만 있다고 믿었어요. 하지만 지금은 동물도 할 수 있다는 사실을 알고 있지요.

연구자들이 말하는 자의식은 자신에 대해 생각할 수 있다는 뜻이기도 해요. 예를 들어 이렇게 생각할 수 있어요. **"나는 생각한다. 그러므로 존재한다."** 유명한 철학자 르네 데카르트는 약 400년 전에 이렇게 말했어요. 데카르트에게 이것은 인간과 동물의 차이점이었지요. 오늘날 우리는 그런 구분이 틀렸다는 점을 잘 알고 있어요. 많은 동물이 자신에 대해 생각할 수 있기 때문이

지요. 하지만 **"나는 생각한다. 그러므로 존재한다"**라는 데카르트의 말은 정말 현명한 말이었어요. 자신에 대해서 생각할 수 있는 능력은 자의식의 전제 조건이에요. 내가 나 자신에 대해 생각할 수 없다면, 나는 스스로를 인식할 수 없어요. 논리적이지 않나요?

많은 동물이 자기 성찰을 할 수 있지만, 개미는 아직 그 정도까지는 아니에요. 그러니까 이 실험은 개미의 자기 인식 능력만 증명해 주었지요. 그래서 (개미에게서 나타나는) 자기 인식과 (메타 인지를 가진 동물에게서 나타나는) 자의식을 구분한답니다(자의식에 대해서는 106쪽 **자기 성찰**을 보세요). 따라서 동물이 가장 높은 단계의 거울 실험과 메타 인지 실험을 통과했다면, 동물이 자신에 대해 생각하는 방식은 인간이 자신과 거울에 비친 모습에 대해 생각하는 방식과 크게 다르지 않을 거예요.

정보 상자

르네 데카르트는 1596년에 태어났어요. 데카르트는 프랑스의 철학자이자 자연과학자였어요. 데카르트의 명언인 "나는 생각한다. 그러므로 존재한다"는 오늘날에도 여전히 철학과 문화에서 중심이 되는 요소랍니다. 데카르트는 당대의 가장 중요한 사상가로, 동료들과는 달리 합리적이고 이성적인 사고방식을 옹호했어요. 당시의 비합리적이고 종교에 영향을 받은 사고방식과는 대조되었지요.

자의식

로봇도 자의식을 가질 수 있을까요?

아마도 곧 알게 될 거예요!

동물에 관한 책에서 느닷없이 로봇 이야기를 하니까 고개를 갸우뚱할지도 모르겠어요. 그런데 여기에서 소개하려는 시험은 아주 흥미로운 데다가 동물을 대상으로 하는 실험과도 비슷하답니다. '실험 대상'으로서는 로봇이 동물에 비해 몇 가지 장점이 있어요. 로봇을 아프게 하거나 괴롭힐 일이 없고, 필요하지 않을 때는 그냥 스위치만 끄면 되니까요. 로봇은 적절하게 프로그래밍하면 사람의 언어도 이해하지요. 실제로 프랑스 회사의 장난감 로봇인 '나오'는 사람과 대화할 수 있어요. 나오는 사람의 언어를 분석하고, 범주를 만들고, 맥락을 인식해서 논리적으로 연결할 수 있어요(92쪽 **논리적으로 생각하기**를 보세요). 그래서 나오 로봇 셋에게 까다로운 언어 시험을 해 보았어요. 자기 자신에 대한 생각이 있어야만 통과할 수 있는 시험이었지요.

먼저 로봇들에게 "너희 중에 둘이 말을 못 하게

인공지능이 곧 자의식도 개발할 거예요. 그러면 인공지능이 바라는 것도 생길 테고요. 그렇게 된다면 우리는 로봇을 존중해야 할까요?

되는 약을 먹었어. 그래서 이제 말을 할 수가 없어"라고 이야기해 주었어요. 그런 다음 누가 약을 먹지 않았는지 물었어요. 그랬더니 정말로 두 로봇이 아무 말도 못 했어요. 세 번째 로봇은 "모르겠어요"라고 대답하더니 곧이어 "대답할 수 있는 것을 보니 제가 약을 먹지 않았네요"라고 말했답니다. 놀랍지 않나요? 이제 로봇에게도 자의식이 생긴 걸까요?

로봇은 어떤 형태의 자기 인식은 있지만, 그런 인식에 대해 생각할 수는 없는 듯해요. 따라서 복잡해 보이는 모든 행동을 복잡한 사고로 설명할 수는 없어요. 그렇지만 저는 언젠가는 우리가 자의식이 있는 로봇과 이야기를 나눌 수 있을 거라고 굳게 믿고 있어요. 그런 때가 온다면 "로봇도 자기 결정권을 가져야 할까?"라는 문제가 생기겠지요?

정보 상자

많은 동물행동학자와 심리학자가 전자 제품 회사에서 일하면서 어떻게 하면 로봇을 더욱 인간처럼 보이게 할 수 있을지 고민하고 있어요. 아마도 곧 스스로를 인식하는 척하는 로봇도 나오겠지요. 다행히 여러분은 이제 거의 숙련된 동물행동학자가 되었으니까 실험이 어떻게 진행되는지 잘 알 거예요. 106~109쪽에 나오는 실험 내용을 살펴보세요. 이 실험은 쥐가 스스로에 대해 생각할 수 있다는 사실을 보여 주었답니다.

동물의 언어

말로만 이해하는 것은 아니에요.

동물의 언어

소통이란 뭘까요?

말하지 않아도 소통할 수 있어요!

"음매", "멍멍", "야옹", "히힝" 하고 우는 동물들에게는 언어가 없어요. 그래도 필요할 때마다 훌륭하고 적절하게 의사소통할 수 있어요. 그런데 동물의 울음소리는 유전적으로 미리 결정되어 있답니다. 강아지가 느닷없이 "야옹" 하고 운다거나 소가 "히힝" 하는 소리를 낼 수는 없지요. 이 동물들은 단 하나의 단어도 배울 수 없어요. 대신 다양한 울음소리를 낼 수 있어요. 예를 들어 어치는 열네 가지 소리를 내서 매나 부엉이에 대해 각각 다른 소리로 경고해요. 땅다람쥐는 하늘의 포식자와 땅의 포식자에 대해 각기 다른 소리로 경고하고요. 경고를 들은 친구들은 재빨리 나무 위로 도망가거나 굴속으로 기어 들어 가지요.

개가 기분 좋을 때 짖는 소리와 공격적일 때 짖는 소리를 들어본 적이 있을 거예요. 실제로 개는 웃으면서 짖기도 하는데, 이 소리를 보호소에 있는 다른 개들에게 들려주면 스트레스가 줄어든대요. 쥐 역시 웃을 줄 알고, 웃는 다른 쥐와 어울리기를 좋아한대요.

불곰은 나무를 발톱으로 긁고 냄새를 묻혀 표시해 두어요. 침입자는 이런 경계 표시를 반드시 확인해야 해요!

동물의 의사소통이 울음소리로만 이루어지는 것은 아니에요. 많은 동물이 몸으로도 의사소통을 한답니다. 꿀벌은 꼬리춤으로 다른 꿀벌에게 먹이가 있는 장소를 정확하게 알릴 수 있어요. 사람의 특정한 제스처는 유인원도 이해할 수 있어서 아프리카에서는 손을 입에 대면 고릴라도 무슨 뜻인지 알아듣는답니다.

냄새를 통해서도 의사소통할 수 있어요. 누에나방은 몇 킬로미터나 떨어져 있는 암컷 나방을 찾아요. 개미는 새로운 먹이가 있는 곳에 냄새로 흔적을 남기고, 불곰 같은 포식자들은 자기 영역을 냄새로 표시하지요.

엄밀히 말하면 모든 의사소통에는 발신자, 수신자, 명확하고 이해하기 쉬운 신호, 전달 매체라는 네 가지 요소만 필요해요. 그렇다면 원생동물이나 박테리아 같은 단순한 생물도 서로 완벽하게 소통할 수 있지요. 심지어 화학 신호를 사용해 누가 죽고 누가 살아남을지를 민주적으로 결정하는 점액 박테리아도 있어요.

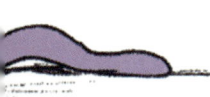

동물의 언어

거짓말의 발명

거짓말은 사고력 발달의 중요한 단계!

게임할 때 속임수를 쓰거나 부모님과 선생님께 거짓말한 적이 있나요? 오랫동안 동물은 거짓말을 하거나 속임수를 쓸 수 없다고 생각했어요. 동물에게 그런 능력이 있을 거라고 믿지 않았지요. 하지만 그렇지 않아요. 동물도 거짓말을 하고 아주 고약한 속임수를 쓸 수 있어요.

무리 생활을 하는 동물들은 믿을 만한 친구를 보초로 세우기도 해요. 유튜브에서 땅다람쥐나 미어캣이 나오는 재미있는 동영상을 많이 볼 수 있지요. 그런데 동물 세계에는 제대로 보초를 서지도 않으면서 열심히 하는 척하려고 이따금 괜스레 경보를 울리는 거짓말쟁이도 있어요. 물론 언젠가는 동료들이 이 사실을 알아채고 거짓말쟁이에게는 음식을 나눠주지 않을 테지만요.

어떤 땅다람쥐는 속이기를 좋아해서 다른 친구들이 목소리로 알아차릴 수 있어요. 뻔뻔한 거짓말쟁이는 그냥 무시해 버린답니다.

미어캣은 속임수를 쓸 생각이 없으므로 다른 친구들의 목소리를 구별할 필요가 없어요.

동물의 언어

거짓말을 알아차리려면 다른 모든 동물의 성격과 행동을 기억하고 목소리로 각각의 동물을 알아차릴 수 있어야 해요. 과학자들은 이런 이유로 동물에게 다양한 목소리를 구별하는 능력이 생겼다고 생각해요. 이뿐만이 아니에요. 다른 동물을 생명이 없는 하나의 배경으로 보는 것이 아니라 다른 개체로 받아들이는 능력도 생겨났어요. 사고력 발달의 매우 중요한 단계지요!

어떤 까마귀 종은 진짜 도둑으로 의심받기도 해요. 이 새들은 먹이를 숨길 때 서로를 감시해요. 물론 새들은 다른 새들이 자신을 지켜보고 있다는 사실을 알아차리지요. 그래서 때로는 무언가를 묻는 척하고 진짜 보물은 다른 곳에 숨겨요. 훔치기를 좋아하는 나이 많은 새들은 이렇게 교활하지요. 그래도 어린 새들은 여전히 동료들을 믿는답니다(130쪽 **공감**에서 자세히 설명할 거예요).

까마귀는 다른 까마귀가 숨겨 놓은 것을 곧잘 훔친답니다.

실험

카드나 보드게임을 할 때 친구들에게 속임수를 한번 써 보세요. 들킬 때까지 계속하세요! 친구들이 절교하겠다고 하면, 그만두고 여러분의 행동에 대해 설명하세요. 요점은 거짓말을 하는 것이 잠깐은 유용할 수 있지만, 길게 보면 도움이 되지 않는다는 사실을 배우는 거예요. 온전한 사회 체계에서는 정의가 중요하기 때문이지요(156쪽 **정의** 단원을 보세요). 하지만 사회생활에서 받아들여지는 거짓말도 있어요. 다른 사람의 기분을 좋게 해 주기 위해 선의로 하는 하얀 거짓말이지요.

동물의 언어

소리를 통해 배워요

주목! 여기서 언어가 탄생해요!

혹시 유튜브에서 앵무새가 음악에 맞춰 움직이는 동영상을 본 적이 있나요? 사실 리듬에 맞춰 움직일 수 있는 동물은 많지 않아요. 그러려면 특별한 능력이 필요하거든요. 뇌가 스스로 피드백을 줄 수 있어야만 해요.

무슨 말이냐고요? 새로운 영어 단어를 배울 때 듣고 따라 하잖아요. 그러면 단어를 발음할 때 뇌는 내가 말한 단어와 머릿속에 들어 있는 원래 단어를 비교해요. 발음이 마음에 들지 않으면 단어를 다시 반복하면 돼요. 청각이 발음에 대한 피드백을 주는 것이지요. 리듬감도 이와 비슷해요. 다만 이때는 입 근육이 아니라 운동 기관의 근육이 쓰인다는 점이 달라요. 박자가 맞는다는 뇌의 피드백이 없다면 춤은 발명되지 못했을 거예요.

하지만 생물학적 의미는 상당히 달라요. 발성을 통해 학습하는 능력이 있는 동물은 새로운 울음소리를 배울 수 있어요. "멍멍"이나 "음매"처럼 유전적으로 정해진 소리만 내는 동물들은 할 수 없는 일이지요. 끙끙대고 비명을 지르고 웃기만 할 수 있고, 아무 단어도 발음할 수 없다고 상상해 보세요!

70

그런데 문제가 있어요. 새는 보통 어릴 때만 노래를 배울 수 있거든요. 게다가 발성을 통해 학습을 해내는 것은 대개 수컷이에요. 당연히 이런 경우에는 진짜 언어가 발달할 수 없어요.

지금까지 발성을 통해 학습하는 능력이 있다고 밝혀진 동물은 코끼리, 바다사자, 몇몇 종의 새와 일부 돌고래 종뿐이랍니다.

많은 새들이 노래를 배워요. 하지만 어릴 때만 배우고, 대부분 수컷만 노래를 불러요.

정보 상자

인간의 언어를 흉내 낸 동물들도 있어요.

- 인도코끼리 코식이는 한국어 단어 다섯 개를 말할 수 있어요.
- 흰돌고래 노크는 해군 잠수부에게 수면 위로 올라오라고 명령했어요.
- 바다표범 후버는 동물원 관람객에게 "이봐, 너! 거기서 나와!"라고 했어요.
- 범고래 위키는 "안녕"과 "바이 바이"라고 말했어요.

네 마리 동물 모두 새끼일 때 어미에게서 떼어져 사람 손에서 컸다는 슬픈 사연이 있어요.

동물의 언어

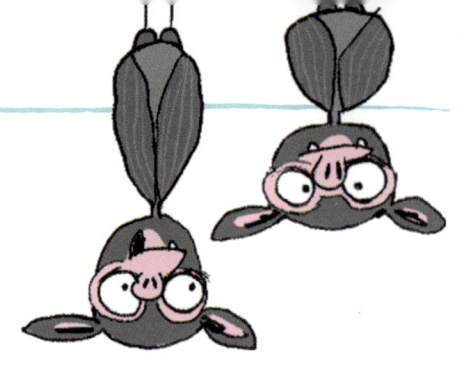

사투리

언어를 배우는 첫걸음은 무리의 특정한 소리에 적응하는 거에요.

제가 킬(Kiel) 대학교에서 해양생물학을 공부하던 시절에 발표할 때마다 사람들을 웃게 만들던 여학생이 있었어요. 알프스의 작은 마을 출신인 그 학생은 독일 북부 항만 도시에서 공부하며 몇 년을 지냈는데도 알아듣기 힘든 독일 남부 지방 사투리를 썼어요. 표준어를 구사할 줄 알았지만 사투리 쓰기를 좋아하는 듯했어요. 아마 여러분의 학교에도 무리 지어 다니면서 은어를 쓰거나 자기들만 아는 행동을 하는 친구들이 있을 거예요.

생물학에서는 이런 사람들이 합리적으로 행동하고 있다고 봐요. 왜냐하면 특정한 발음이나 제스처로 자신이 무리에 속해 있다고 알리기 때문이에요. 이를 통해 더는 혼자가 아니며, 곤란할 때 도움도 받고, 함께 더 많은 일을 할 수 있지요. 제가 공부를 끝낼 무렵 과학계에 큰 사건이 있었어요. 범고래가 사투리를 쓴다는 사실이 밝혀졌거든요. 캐나다 서부 해안에 사는 범고래는 같은 어휘를 쓰지만, 발음은 무리마다 달랐어요. 어떤 범고래는 남부 사투리를 쓰고, 다른 범고래는 표준어를 쓴다고 할 수 있을 만큼이요. 이렇게 사투리를 씀으로써 범고래는 자신이 어느 무리에 속하는지 보여 주고 싶어 해요.

몇 년 전까지만 해도 고도로 진화한 동물만 그럴 수 있다고 생각했지만, 지금은 사투리를 쓰는 동물을 더 많이 알고 있지요. 커다란 동굴에서 무리 지어 사는 박쥐들이 있어요. 미국 텍사스주 오스틴 근처의 브라켄 동굴에는 2000만 마리가 살아요. 세계에서 아주 큰 도시 중 하나인 상하이의 인구만큼이나 많은 수예요. 그런데 이 거대한 박쥐 도시에서 다양한 집단이 함께 살며 잠자리를 공유하고 있답니다. 박쥐들은 사투리로 서로를 알아볼 수 있거든요.

찌르레기 같은 철새도 비슷해요. 철새들은 겨울이나 여름에 머무르는 지역에서 사투리로 서로를 찾는답니다. 그렇지만 사투리를 쓰는 동물의 무리는 상당히 적어요. 그래서 생쥐가 사투리를 쓴다는 사실이 밝혀졌을 때 엄청나게 놀랐어요. 동물들이 사투리를 쓴다는 것은 그들의 사회생활이 굉장히 복잡해서 자신만의 사회 연결망이 중요하다는 의미랍니다.

20년 전쯤 밴쿠버섬 앞바다에 사는 범고래가 사투리를 쓴다는 사실이 밝혀졌을 때 모두가 깜짝 놀랐답니다.

정보 상자

범고래는 고래로 분류하지만, 사실은 돌고래예요. 고래는 수염고래와 이빨고래로 구분하는데, 수염고래는 비교적 작은 생물을 먹고 살아요. 이빨고래는 포식자인데, 그중 하나가 돌고래예요. 그리고 가장 넓은 지역에 분포하는 돌고래가 바로 범고래랍니다.

동물의 언어

가리키는 몸짓

세계를 공유하기 위한 열쇠

이제 조금 철학적인 이야기를 해 볼까요? 옛날부터 우리는 빨간색 꽃이 모든 사람에게 똑같이 빨갛게 보이는지 궁금해했어요. 다른 사람의 머릿속을 들여다볼 수 없으니 그가 생각하는 빨간색이 내가 보는 빨간색이랑 같은지 따져 볼 수 없잖아요. 그래서 우리는 빨간색으로 보이는 것은 죄다 '빨갛다'라고 말하기로 약속했어요.

하지만 부모님이 이 공은 초록색이고 다른 공은 빨간색이라고 말해 주지 않았다고 상상해 보세요. 물론 여러분은 여전히 두 공의 차이를 알 수 있고, 각각의 공에 직접 이름을 지어 줄 수도 있겠지요. 하지만 합의가 없다면 다른 사람들과 이에 대해 소통할 수 없을 거예요. 따라서 특정 사물에 구체적인 이름을 붙이는 일은 우리 머릿속에만 존재하는 세계를 공유하는 좋은 방법이랍니다. 다른 사람들과 소통하고 싶다면 이 일은 매우 중요해요.

언어가 없더라도 세계를 공유할 수는 있어요. 가장 간단한 방법은 손으로 무언가를 가리키거나 특정 사물을 눈으로 바라보는 거예요. 상대방이 이 몸짓을 이해한다면 우리는 공통의 세계를 공유할 수 있지요. 그렇지 않다면 모두가 자신만의 세계에서 계속 살게 되고, 아무것도 함께할 수 없을 거예요.

하지만 무엇을 가리키는 몸짓과 그런 행동을 이해하는 것은 구별해야 해요. 동물은 상대방이

사물을 가리키는 방법은 다양해요. 옛날에는 침팬지가 사물을 가리킬 수 없다고 생각했어요. 하지만 침팬지는 손가락을 뻗을 필요가 없다는 사실을 이제는 잘 알고 있지요.

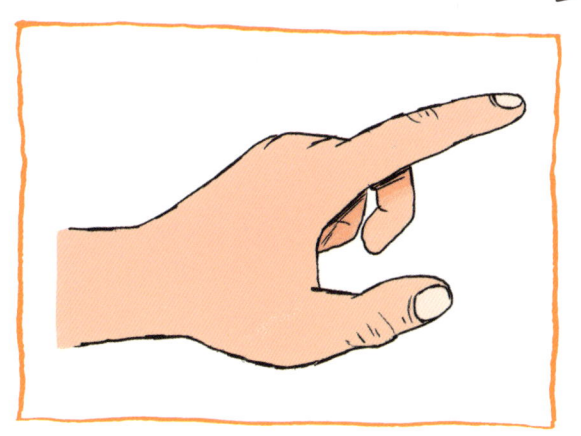

보고 있는지 아닌지를 잘 살펴야 하거든요. 주변에 아무도 없더라도 무언가를 열심히 쳐다보는 동물은 마치 무언가를 가리키는 것처럼 보여요. 하지만 이를 지켜보는 다른 동물이 없다면 소통은 이루어지지 않아요. 이처럼 무언가를 가리키는 몸짓은 정말 복잡하면서도 중요하답니다. 몇 년 전까지만 해도 우리 인간만 할 수 있는 일이라고 믿었어요. 주인의 몸짓에 곧바로 반응하는 잘 훈련된 사냥개만 예외라고 생각했지요.

하지만 훈련만으로는 정신적인 능력이 생기지 않기 때문에 개는 기본적으로 몸짓을 이해할 수 있어야 해요. 이후 여러 동물을 대상으로 한 실험이 성공을 거두었어요. 그런데 대부분이 사람에게 훈련받은 동물이었지요. 따라서 야생 동물이 가리키는 몸짓을 사용한다는 증거는 아직 없답니다. 아마도 몇 년 뒤에는 더 많은 것을 알게 되겠지요.

동물	몸짓 사용	몸짓 이해	상대방에 대한 집중
침팬지	11/12	10/14	10/12
보노보	3/4	4/5	1/1
고릴라	1/1	1/2	1/2
오랑우탄	3/4	6/7	3/3
긴팔원숭이		1/1	1/1
구세계원숭이	8/8	5/6	3/4
신세계원숭이	5/5	2/3	4/6
개	4/4	53/53	20/24
늑대	1/1	5/5	
여우		2/2	
딩고		1/1	1/1
코요테		1/1	
물개		4/4	2/4
까마귀		3/4	2/3
코끼리		2/3	
박쥐		1/1	
말	1/1	4/5	2/2
흰족제비		1/1	
양		1/2	0/1
돼지		1/2	1/1
고양이		1/1	
돌고래	2/4	4/4	4/4
까치	1/1		1/1
앵무새		1/1	0/1

11/12라는 숫자는 실험을 열두 번 했을 때 동물에게 이런 능력이 있다고 열한 번 확인할 수 있었다는 뜻이에요. 숫자가 없는 빈칸은 정보가 없다는 의미고요.

실험

진짜로 새로운 것을 발견해 볼까요? 다양한 동물을 관찰해 몸짓이나 눈길로 무언가에 주의를 끌려고 하는지 살펴보세요. 예를 들어 고양이가 배고플 때 사료가 들어 있는 캔을 가리키나요? 아니면 말의 시선이 특정 방향을 가리키는 여러분의 손을 따라오나요? 다양한 동물을 관찰하고 어떻게 반응하는지 알아보세요. 훈련하지 않았어도 몸짓을 이해하거나 사용하는 동물을 발견하게 될지도 몰라요. 그때는 저에게 꼭 알려 주세요!

동물의 언어와 문법

옛날에는 동물에게 인간의 언어를 가르치려고 했어요!

이게 다 뭐냐고요? 동물에 관한 책에서 갑자기 문법 이야기라니! 터무니없게 들리겠지만, 이 역시 동물과 관련되어 있어요. 50년쯤 전만 해도 동물에게 말을 가르칠 수 있다고 믿어서 터무니없는 실험을 하기도 했답니다. 실험 대상인 동물들과 아주 가깝게 지낸 연구자들도 있었어요. 허버트 테라스(Herbert S. Terrace)는 침팬지 한 마리에게 님 침스키(Nim Chimpsky)라는 이름을 지어 주고 인간의 수화를 가르쳐 주었어요. 그리고 그 침팬지를 가족으로 맞이했지요. 또 다른 연구자인 존 릴리(John Lilly)는 물속에 집을 짓고 인간과 돌고래가 함께 살 수 있게 했어요. 조금 부럽기도 한 놀라운 실험이었지요. 그러나 이런 실험들은 실패로 돌아갔고, 동물들은 희생을 치러야 했어요. 그런 환경에서 고통받아 공격적으로 행동하게 되었거든요. 님 침스키는 성체가 된 뒤 공격적으로 변해 이 연구실에서 저 연구실로 옮겨 다녀야 했어요. 님 침스키의 슬픈 이야기는 《혹성탈출: 진화의 시작》이라는 영화에 영감을 주었답니다.

그렇지만 오늘날 우리는 동물의 언어 능력에 대해 꽤 많은 것을 알고 있어요. 워쇼(Washoe)라는 암컷 침팬지는 인간의 수화를 130개 넘게 익히고, 백조를 '물'과 '새'라고 설명해 조련사들을 깜짝 놀라게 했답니다. 수컷 보노보 칸지(Kanzi)는 추상적인 기호로 이루어진 패널을 사용해 400개에 가까운 어휘를 자신 있게 사용할 수 있었어요. 칸지가 사용한 인공 언어를 '여키스어'라고 불러요.

특히 저에게 깊은 인상을 남긴 연구자는 루이스 허먼(Louis Herman)이에요. 허먼은 하와이 돌고래 수족관에서 돌고래 몇 마리를 기르면서 손으로만 특정 동작을 하는 언어를 가르쳤어요.

처음에는 조련사가 수영장 가장자리에 서서 어떤 몸짓을 취했어요. 그런 다음 수중 창문 뒤의 스크린을 통해 돌고래들이 볼 수 있게 했고, 나중에는 검은색 배경에 검은색 옷을 입어 흰 장갑을 낀 손만 보이도록 했어요. 따라서 조련사는 더는 아무런 역할을 하지 않았고, 손의 움직임은 매우 추상적이었지요. 이러한 어려운 상황에서 허먼은 돌고래가 간단한 명령을 따를 뿐만 아니라 이러한 명령을 문법 규칙이 있는 문장의 형태로도 이해한다는 점을 증명하는 데 성공했어요. 돌고래들은 시간, 장소, 방식을 말해 주는 부사절 규칙을 알고 있었지요. 심지어 무(없음)의 개념도 이해했어요. 이것은 매우 특별한 일이에요. 예컨대 개는 이해하지 못하거든요. 안타깝게도 허먼의 돌고래들은 야생에서 살 수 있는 나이만큼 살지 못했어요. 돌고래 수족관의 환경이 돌고래들을 병들게 했기 때문이지요.

정보 상자

침팬지에게 '님 침스키'라고 이름과 성까지 다 지어 준 것이 재미있지 않나요? 유명한 언어학자이자 비평가인 노엄 촘스키(Noam Chomsky)라는 분이 있어요. 영장류 학자인 허버트 테라스는 그의 이름과 비슷하게 침팬지의 이름을 지었답니다. 학자들끼리의 유머랄까요?

실험 대상이었던 유명한 침팬지 '님 침스키'의 슬픈 이야기는 《혹성탈출: 진화의 시작》이라는 영화에 영감을 주었어요.

동물의 언어

현장에서의 새로운 관찰

동물에게도 단어, 문법, 문장 구조가 있는 언어가 있어요.

포획한 동물을 연구해 온 연구자들은 동물이 자유로운 상태에서 서로 소통할 때 문법을 사용하는지 아직 밝혀내지 못했어요. 데니스 허징(Denise L. Herzing)은 돌고래의 휘파람 소리를 분석하고 스스로 휘파람 소리를 낼 수 있는 특수 장치를 개발해 연구를 진행하고 있어요. 허징은 이 기계를 가지고 바하마에서 스노클링하면서 야생 돌고래들과 긴밀한 교감을 맺기 위해 노력하고 있어요.

놀랍게도 최근에 연구자들이 동물도 제대로 된 문장으로 의사소통한다는 사실을 성공적으로 증명했다는 소식을 들었어요. 믿기지 않겠지만 지금까지 문장 구조를 사용한다고 입증된 동물은 아프리카 남부에 사는 박새와 노래꼬리치레 둘뿐이랍니다.

울음소리와 단어의 차이점을 알고 있나요? 아주 간단하면서도 놀라운 차이예요. 울음소리는 우리가 낼 수 있는 소리와 같은 것이에요. 끙끙거리는 소리, 휘파람 소리, 코 고는 소리, 삐걱거리는 소리는 수가 정해져 있고, 비슷하게 들리는 소리는 헷갈리기 쉽지요. 반면에 단어는 여러 개의 소리로 구성되어 있고, 원하는 대로 조합할 수 있어요. 그래서 전달하는 정보의 양은 늘리면서 오해는 줄일 수 있어요. 그런데 우리 인간만 이런 훌륭한 생각을 해낸 것은 아니에요. 호주에 사는 밤색머리꼬리치레도 소리를 단어와 연결 짓는답니다.

'배꼽이 빠지다'라는 말을 알고 있을 거예요. 몹시 우스운 상황에서 "배꼽 빠지는 줄 알았네!" 하고 얘기하잖아요. 이처럼 둘 이상의 단어가 결합하여 원래 단어가 가진 뜻이 아닌 다른 뜻을 나타내는 관용적인 표현이 많아요. 긴꼬리원숭이 같은 동물도 이런 관용구를 사용한답니다.

긴꼬리원숭이는 놀랍게도 관용구를 사용해요.

그렇다면 동물도 글을 제대로 쓸 수 있는지 궁금해지지요? 말도 안 되는 소리처럼 들리나요? 그런데 연구자들이 실제로 이것을 시험해 봤어요. 비둘기에게 영어 단어를 가르쳤답니다. 이 일은 꽤 쉬워요. 옳은 단어를 고르면 상으로 먹이를 주고, 아무렇게나 알파벳을 조합한 것을 고르면 먹이를 주지 않으면 돼요. 얼마 뒤 비둘기는 새로운 단어도 알아차릴 수 있었는데, 글자를 조합해 영어 단어를 만드는 규칙을 단순하게 외웠기 때문이었지요.

정보 상자

박새뿐만 아니라 다른 많은 동물도 우리가 단어를 사용하는 것과 같은 방식으로 특정 소리를 사용해요. 예를 들어 연구자들은 "이리 와!"를 뜻하는 휘파람 소리를 A, B, C로 나누었어요. 한편 휘파람 소리 D가 있는데, 이 소리의 뜻은 "조심해!"랍니다. 이들을 결합해 "이리 오면서 조심해!" 같은 문장을 만들 수도 있어요. 스피커를 통해 특정한 울음소리를 새들에게 들려주는 플레이백 실험에서 새들은 A, B, C 다음에 D를 섞어서 반응을 보였지만 D를 A, B, C 앞에 넣지는 않았어요. 그러니까 순서 또는 문장 구성이 중요했어요. 이처럼 때로는 관찰만 해도 동물이 문장을 말할 수 있는지 충분히 확인할 수 있답니다.

동물의 언어

동물을 이해할 수 있을까요?

믿을 수 없겠지만 진짜예요. 우리는 개구리도 이해한다고요!

저는 동물과 관련된 일에는 별로 놀라지 않지만, 한 논문을 보고 놀라 자빠질 뻔했답니다. 연구자들은 사람들이 동물의 울음소리를 듣고 동물의 상태를 알아차릴 수 있을지 궁금해했어요. 실험에 참여한 사람들은 한 동물 종의 울음소리 두 가지를 듣고 어떤 소리가 더 흥분한 것처럼 들리는지 골랐어요. 그 결과 인간은 개구리부터 새, 코끼리, 원숭이까지 많은 동물 종을 잘 이해할 수 있다는 사실이 밝혀졌어요. 실제로 인간과 다른 척추동물 종(어류 제외) 사이에는 보편적인 의사소통 코드가 존재한답니다.

개구리의 울음소리로 개구리의 기분을 짐작할 수 있을까요? 물론이지요!
우리는 개구리뿐 아니라 모든 척추동물을 이해할 수 있어요.
(어류는 빼고요. 보조기구가 없으면 어류의 울음소리를 들을 수 없거든요.)

실험

웹사이트(http://karsten-brensing.de/wie-tiere-denken-und-fuehlen)에서 동물들의 다양한 울음소리를 다운로드하세요(웹페이지 하단 Hier geht es zu den Hörbeispielen: Tierlaute (Buch auf Seite 83)라는 내용에서 'Tierlaute'라는 글자를 클릭하면 파일을 받을 수 있어요). 그런 다음 친구들에게 동물 울음소리 두 가지를 들려주고, 어느 소리가 더 흥분한 것처럼 들리는지 물어보세요. 연구자들의 결과와 똑같을지 너무 궁금하네요.

나 화 안 났어!

- 긴꼬리원숭이과에 속하는 영장류의 일종이에요.

생각하기

인간과 동물의 행동은 사고와 감정이라는
매우 다른 두 가지 과정에 좌우돼요.

생각하기

심상

지구에 나타난 첫 번째 생각

단세포 생물이나 매우 단순하게 구성된 생물은 주변 환경에 대해 반사 작용만 하기에 어려움을 많이 겪어요. 예를 들어 먹이를 감지하면 감각이 어느 방향으로 움직여야 하는지 신호를 보내요. 하지만 자극이 사라지면 이들은 조금 전까지 무엇을 했는지 더는 알 수 없답니다. 포식자가 먹이를 쫓고 있다고 상상해 보세요. 그런데 먹잇감이 나무 뒤로 숨어 버렸어요. 먹잇감이 눈에서 보이지 않게 된 순간 포식자는 자기가 방금 무엇을 했는지 잊어버린답니다. 치명적이지 않나요? 포식자에게는 아주 실용적이지 못하지요.

이런 문제를 해결하기 위해 자연은 '심상'이라는 아주 기발한 발명품을 만들어 냈어요. 포식자는 먹잇감을 머릿속에 담고 있어서 먹잇감이 쉽사리 사라지지 않는다는 사실을 알고 있지요. 이 순간 포식자는 '아, 먹잇감이 나무 뒤로 숨었지만 사라질 리는 없으니 나무 뒤로 가서 찾아야겠다'라며 단순하게 생각하기 시작해요.

이것이 우리 지구에서 최초의 생각이었을 거예요. 그러려면 먹잇감의 이미지와 같은 감각적 인상을 저장할 수 있는 신경세포가 그물망처럼 연결된 작은 신경계가 있어야 했지요.

또 다른 중요한 단계는 두 번째 감각인 청각의 도움으로 감각적 인상을 검증하는 일이에요. 예

덤불에서 나는 바스락거리는 소리는 먹잇감일 수도 있지만 위험을 뜻할 수도 있으니까 즉시 소리의 출처를 찾아야 해요.

를 들어 숲속에서 바스락거리는 소리를 들으면 자동으로 소리가 난 방향을 바라보지요. 뇌는 **바스락거린다**라는 심상을 저장한 상태에서 시각으로 넘어가 바스락거린 것이 무엇인지, 위험한 것인지 아니면 먹을 수 있는 것인지를 알아내려 해요. 이런 이중의 안전장치는 다음에 알맞은 행동을 하기 위해 정말 중요해요. 만약 바스락 소리가 들릴 때마다 도망친다면 꽤 많은 에너지를 쓰게 되므로 다시 조심스럽게 먹이를 찾으러 다녀야 하겠지요.

단순한 예를 통해 동물이 생각하는 법에 대해 많은 것을 배웠는데요, 이것이 전부는 아니랍니다. 동물도 논리적으로, 추상적으로, 심지어는 전략적으로 생각할 수 있거든요. 맞아요. 동물은 스스로에 대해서도 생각할 수 있답니다!

실험

구슬이 어디 있을까요?

구슬 찾기 게임은 재미있는 실험이지만, 거리에서 누가 하고 있다면 그건 대개 사기예요.

구슬 찾기 게임을 알고 있나요? 남의 돈을 쉽게 벌려는 사기꾼들이 좋아하는 게임이지요. 컵 세 개 중 하나에 구슬을 넣어요. 컵을 이리저리 움직이면 그 안에 든 구슬도 옮겨지겠죠. 구슬이 든 컵을 찾으면 이기는 게임이에요. 인간과 많은 동물이 문제없이 잘할 수 있어요. 그래서 많은 사람이 게임을 하지만, 모르는 사이에 속임수에 당할 수 있어요. 구슬 찾기 게임을 친구와 함께할 수도 있지만, 돈을 걸고 하지는 마세요! 더구나 길거리에서 이 게임에 참여하면 안 돼요. 불법 도박이니까요. 유튜브에서는 재미있는 구슬 찾기 게임 동영상을 볼 수 있답니다.

생각하기

심상에서 범주로

다양한 것이 분류되었어요!

이제 머릿속에 심상을 떠올릴 수 있게 되었으니 다음 단계는 범주를 만드는 것이에요. 내 앞에서 도망가는 동물들은 모두 먹잇감으로 생각하고, 나를 쫓아오는 동물들은 모두 포식자로 생각하면 꽤 편리하겠지요.

분류를 한번 잘해 놓으면 더 복잡한 것도 분류하기 쉬워져요. 바우어새는 새끼를 위해 둥지를 짓는 것이 아니라 최대한 많은 암컷에게 좋은 인상을 줘서 자신의 궁전으로 유혹하기 위해 둥지를 지어요. 별로 멋지게 생기지 않은 바우어새는 대신 근사한 둥지를 만드는데, 뉴질랜드에 처음 온 유럽인들은 바우어새의 둥지를 보고 원주민의 인형 집으로 착각했을 정도였지요. 바우어새의 둥지가 튀어 보이는 이유는 바우어새가 색깔별로 분류할 줄 알기 때문이에요. 바우어새는 둥지를 장식하기 위해 온갖 것을 다 수집해요. 이때 중요한 점은 색을 하나로 통일하면서도 눈에 띄게 만들어야 한다는 것이랍니다.

비둘기는 암컷과 수컷을 구분할 줄 알아요. 저는 비둘기를 봐도 수컷인지 암컷인지 모르지만요. 비둘기는 심지어 사람의 사진을 성별에 따라 분류할 수도 있어요. 또한 예술가를 구별하는 꿀벌의 능력도 놀랍답니다(실험을 보세요).

바우어새는 자기 새끼를 위해서가 아니라 암컷에게 잘 보이려고 둥지를 지어요. 이를 위해 어린 수컷은 나이 든 수컷에게 가르침을 받는답니다.

실험

다음 여섯 개의 그림을 두 가지 범주로 나눠 보세요. 정답은 170쪽에 있어요.

A

B

C

D

E

F

91

생각하기

논리적으로 생각하기

사고력 발달의 중요한 단계!

우리는 흔히 어떤 것이 확실하거나 당연하다고 여기면 '그게 논리적이야'라고 말해요. 많이 생각할 필요가 없다는 뜻이지요. 하지만 이 말은 옳지 않아요. 왜냐하면 논리적 사고는 꽤 복잡한 일이거든요.

기본적으로 논리는 인과 관계를 설명해요. 다시 말해 무언가가 **그렇다면** 다른 무언가가 반드시 **그렇게** 되어야 해요. 하지만 논리적 사고가 모두 다 똑같지는 않아요. 아주 간단한 실험을 하나 생각해 볼까요? 작은 상자에 마른 사료를 넣고 큰 소리가 나도록 흔들어 보세요. 논리적으로 생각할 수 있는 동물은 그 상자 안에 무언가 들어 있다고 알게 되지요. 이전에 무언가를 어떻게 넣었는지 본 적이 없어도 무슨 상황인지 알아요. 그런데 이 실험에서 주의할 점이 있어요. 동물이 과거에 소리에 대한 훈련(94쪽 정보 상자를 보세요)을 받은 적이 없거나 그 소리에 대해서 전혀 몰랐을 때만 실험을 통과한 것으로 봐야 한답니다.

↑ 비둘기도 논리적으로 생각할 수 있어요.

이제 조금 더 복잡해져요. 논리적으로 생각하고, 두 상자 중 하나에 먹이가 항상 있다는 것을 아는 동물은 빈 상자만 흔들어도 올바른 선택을 할 거예요. 배제 원칙에 따르면 다른 상자에는 먹이가 들어 있어야 하거든요. 지금까지 유인원, 회색앵무, 카카두앵무, 케아앵무, 개와 몇몇 비둘기가 이 실험을 통과했어요. 사람은 세 살부터 이 실험을 통과할 수 있답니다.

야생에서 하는 실험도 있어요. 다른 코끼리의 오줌이 묻은 흙을 코끼리가 가는 길에 놓아 보았어요. 재미있는 점은 오줌 냄새의 주인공이 실제로는 자기 뒤에 있다는 사실을 이 코끼리가 알고 굉장히 놀랐다는 사실이에요. 그래서 연구자들은 코끼리가 논리적으로 생각한다고 결론 내렸지요. 내 **뒤**에서 따라오는 코끼리의 냄새를 내 **앞**에서 맡을 수는 없으니까요.

↑ 연구자들은 코끼리 오줌으로 동물의 논리적 사고력을 실험했어요.

생각하기

정보 상자

몇 년 전만 해도 동물행동학에서는 거의 모든 것을 **조건 반사**로 설명했어요. 이것은 아주 단순한 학습 과정인데요, 특정 자극을 주면 정해진 반응이 나오는 것을 말해요. 예를 들어 간식으로 개를 훈련하는 것이 바로 조건 반사예요. 일단 효과가 있으면 성공이나 보상을 통해 행동이 자동으로 강화되기 때문에 야생에서는 아주 실용적이지요. 이를 긍정적 강화라고도 해요. 어떤 동물이 이런 방식으로 상자에서 나는 바스락 소리가 먹이와 관련되어 있다고 배웠다면, 상자에 반응을 보일 거예요. 이것은 조건 반사이지 논리적으로 생각하는 것은 아니랍니다.

상자에 무엇을 넣든 상관없어요.
단, 실험하는 동물이 좋아하는 것이어야 해요.

실험

개나 고양이 혹은 실험에 참여하고 싶은 어린 동생이 있다고 해 보지요. 실험 대상에게 작은 상자 두 개를 보여 주고 그중 하나에만 맛있는 것을 채워 넣으세요. 실험 대상이 두 상자 중 하나에는 항상 맛있는 것이 있다는 점을 이해할 수 있도록 이 과정을 몇 차례 반복하세요. 그리고 이제 실험 대상이 보지 못하는 상태에서 상자 하나에만 맛있는 것을 채워 넣으세요. 그런 다음 속이 가득 찬 상자를 흔들어 보기도 하고, 빈 상자를 흔들어 보기도 하세요. 만약 빈 상자를 마지막으로 흔들었는데도 실험 대상이 속이 가득 찬 상자를 선택한다면, 실험 대상이 배제 원칙에 따라 논리적으로 생각할 수 있다는 뜻이에요. 여러분도 똑같은 테스트를 받는다면 똑같은 방식으로 생각할 거예요. 이처럼 동물(또는 어린아이)의 사고방식을 이해하는 일은 매우 쉽답니다.

흔들어 주세요!

생각하기

추상적으로 생각하기

철학자에게는 어려운 기술이겠지만 새끼 거위도 할 수 있어요.

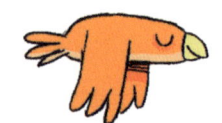

추상적 사고는 많은 사람에게 매우 특별한 것이며, 어떤 사람들은 자신이 추상적 사고를 할 수 있다고 믿지 않아요. 그런데 새끼 거위가 추상적 사고력을 알아보는 실험을 통과했다니 어디 상상이나 할 수 있었겠어요?

콘라트 로렌츠(Konrad Lorenz)라는 이름을 들어본 적이 있나요? 로렌츠는 새끼 거위들에게 자신을 각인시키는 실험을 했어요. 쉽게 말해 어린 거위들이 그를 어미라고 생각하고 그의 뒤를 졸졸 쫓아다녔지요. 영화 《아름다운 비행》을 한 번 보세요. 어미를 잃은 새끼 거위 열여섯 마리를 열네 살 소녀 에이미가 초경량 비행기를 타고 여름 서식지로 데리고 가지요. 에이미는 거위들에게 자신의 모습을 각인시켰고, 거위들은 어미를 따랐던 것처럼 에이미를 따라 하늘을 날아요.

새끼 거위도 추상적으로 생각할 수 있어요.

각인은 특별한 학습 형태로, 각인을 통해 배운 것은 바꿀 수가 없어요. 그래서 연구자들은 어떻게 그렇게 되는지 궁금해한답니다. 놀랍게도 새끼 거위는 추상적인 범주를 사용하여 각인하는 법을 배워요. 따라서 우리는 동물이 추상적 사고를 할 수 있다는 사실을 알 수 있지요. 그러나 이것은 제한된 시간 동안만 가능해요. 성체가 된 동물은 더는 그렇게 할 수 없거든요(98쪽 정보 상자를 보세요).

하지만 인간처럼 평생 추상적으로 생각할 수 있는 동물도 있어요. 제가 대학에 다닐 때 **인재 평가 센터** 준비 과정에 있던 친구를 가끔 도와주었어요. 그곳에서는 추상적 사고력도 평가했어요. 실제로 많은 응시자가 시험을 통과하지 못했어요. 시험이 끝나고 통과하지 못한 응시자들에게 시험에 대해 설명해야 했어요. 하지만 실험 동물들은 이런 설명을 들을 수 없지요.

추상이란 대체 무엇일까요? 사실 아주 간단해요. 범주를 만들어야 한다고 생각해 보세요. 앞에 나온 피카소와 모네의 그림처럼요. 그런데

까마귀는 평생 추상적으로 생각할 수 있는 몇 안 되는 동물이랍니다.

범주는 유사성이 바탕이 되어야만 만들 수 있어요. 99쪽의 실험을 보면 무슨 말인지 알게 될 거예요. 지금까지 유인원, 개코원숭이, 코끼리, 돌고래, 까마귀가 추상적 사고력 실험을 성공적으로 통과했어요. 물론 아직 적은 수의 동물들에게만 실험해 보았기 때문에 추상적 사고력 실험을 통과한 동물 종이 더 많다고 해도 놀랍지 않을 거예요.

생각하기

정보 상자

부모님과 함께 기억력 게임을 해 본 적이 있을 거예요. 대부분 여러분이 이겼을 테니 좋은 기억이겠지요. 하지만 너무 기뻐하지 마세요. 나중에 여러분의 자녀와 게임을 하게 되면 그들이 수월하게 이길 테니까요. 이유는 정말 간단해요. 아이들이 어릴 때는 스스로에게 세계를 설명할 수 있는 지식이 많지 않아요. 청소년과 성인은 이제까지의 지식에 새로운 지식을 쉽게 추가할 수 있지요. 하지만 어린아이들은 아직 그럴 수 없으니까 시각적 인상을 많이 저장하는 것이 중요해요. 새끼 오리의 경우도 비슷해요. 어릴 때는 어미를 특정한 특징(또는 패턴)으로 알아보는 일이 매우 중요하지요. 그래서 추상적 사고력이 굉장히 중요하답니다. 참고로, 새는 대부분 어릴 때만 새로운 노래를 배울 수 있어요. 이렇게 특정 시기에만 잘할 수 있는 일이 꽤 많답니다.

성인은 기억력 게임에서 종종 져요. 대체로 아이들이 더 잘하지요. 왜 그럴까요?

실험 1:

세 장의 카드가 짝을 이뤄 총 일곱 줄을 이루고 있어요. 각 줄에서 다른 두 카드와 어울리지 않는 카드를 선택해서 그곳에 적힌 알파벳에 동그라미를 치세요. 정답을 맞혔다면 무슨 단어인지 알 수 있을 거예요. 그렇지 않다면 여러분보다 까마귀가 추상적으로 더 잘 생각할 수 있다는 뜻이에요.

정답은 170쪽에 있어요.

실험 2:

동생이나 이웃집 아이, 부모님과 함께 기억력 게임을 하면서 실력을 비교해 보세요.

생각하기

전략적으로 생각하기

다르게 생각하면 더 빨리 목표에 도달하기도 해요.

물론 전략적으로 생각하기는 복잡할 수 있어요. 예를 들어 화성으로 갈 우주선을 만들려면 많은 사람이 몇 년에 걸쳐서 힘을 합쳐 전략적인 계획을 세워야 하겠지요. 그런데 전략적 사고는 매우 빠르게 즉시 이루어질 수도 있어요. 제가 어렸을 때 한번은 텔레비전 위에 놓인 꽃병을 넘어뜨렸어요. 그때 제 뇌는 번개처럼 빠르게 반응해 전략적인 계획을 세웠지요. 아버지께서 꾸짖기 전에 재빨리 테이블 밑으로 기어들어 가서 콘센트에서 플러그를 뽑았답니다. 잔소리를 듣는 대신 저는 작은 영웅이라며 엄청나게 칭찬을 받았어요. 아직 어릴 때였지만 물과 전기가 만나면 위험하다는 사실을 알고 있었지요. 그래서 지금도 자랑스럽게 생각하는 저의 첫 번째 전략적 사고를 해낼 수 있었답니다. 그런데 물기를 빨리 닦아 낼 수 없다면 자칫 위험할 수도 있었어요. 그러니 조금 바꿔 생각해서 문제의 원인을 제거하는 편이 전략적으로 훨씬 현명한 일이었어요.

약 2500년 전 시인이자 철학자인 이솝은 그리스에 살았어요. 이솝은 그가 살던 시대에서 가장 명석한 사람이었지만 노예일 뿐이었어요. 이솝은 기발한 우화를 활용해 자신이 발견한 사실을 전달하려고 했어요. 과학자들은 오늘날까지도 그 우화 중 하나에 몰두하고 있답니다. 우화의 제목은 '까마귀와 물항아리'예요. 이 우화에서 까마귀는 목이 말라 괴로워하다가 물이 든 항아리를 발견해요.

하지만 안타깝게도 이 항아리는 반만 차 있어서 물을 마실 수가 없었어요. 그러자 까마귀는 항아리 속 물이 마실 수 있을 정도로 올라올 때까지 작은 돌멩이를 찾아서 계속해서 던져 넣었어요. 이것은 분명히 전략적 사고이지만, 실제로 까마귀가 이렇게 할 수 있을까요? 네, 할 수 있어요! 뉴질랜드 연구자가 이솝 우화에서 영감을 받아 같은 실험을 해 봤답니다.

이제 곧 이와 아주 비슷한 사례를 또 알아볼 거예요. **창의력**과 전략적 사고는 매우 가까워요. 전략적이고 계획적으로 생각하고 행동하는 일은 곧잘 창의적인 해결책으로 이어지기 때문이에요.

정보 상자

믿기 어렵겠지만, 침팬지들 사이에서 수년에 걸쳐 전략적으로 계획된 전쟁이 벌어지는 모습이 실제로 관찰되었어요. 침팬지들은 조용히 일렬로 서서 다른 침팬지 무리의 영역으로 들어가 그곳의 침팬지들을 습격해 죽였어요. 이 게릴라 전술은 원래 살던 침팬지들이 자기 영역에 발을 들이지 못하게 될 때까지 계속되었답니다. 이 일이 벌어진 뒤 우간다 키발 국립공원의 은고고 침팬지는 새로운 서식지에서 평소처럼 행동했어요. 침팬지들은 더는 조용히 일렬로 줄을 서지 않았고, 여기저기서 서로 이야기하며 이런저런 소리를 냈어요. 다시 말해 그들은 새로운 터전을 집처럼 편안하게 느꼈답니다.

생각하기

창의력

창의력은 모든 발명의 원천이지요!

동물이 전략적으로 그리고 창의적으로 생각할 수 있는지 알아보려면 동물의 생활 환경과 직접 관련된 간단한 실험을 하나 계획해야 해요. 간단하면서도 아주 우아한 이런 종류의 실험이 있어요. 돌고래 수족관에 투명한 플라스틱으로 만든 먹이 주는 기계를 설치했어요. 물고기를 얻으려면 돌고래는 위에 있는 추 네 개를 상자에 던져야 해요. 그러면 기계 장치가 추의 무게 때문에 열리고 물고기가 밖으로 나오지요(옆쪽의 그림을 보세요). 돌고래는 **모방**을 통해 배울 수 있는 몇 안 되는 동물이라 잠수부는 이 실험 장치가 어떻게 작동하는지 돌고래에게 보여 주었어요. 잠수부는 추 하나를 가져와 상자에 던져 넣고는 다시 되돌아가 추 하나를 더 들고 왔지요. 돌고래는 이런 원리를 바로 이해해 물고기를 얻을 수 있었어요.

다음엔 추를 먹이 상자 바로 옆에 두지 않고 40미터 떨어진 수영장 모서리에 숨겨 두었어요. 보통 때라면 훈련을 받았으니 추를 옮기기 위해 네 번만 왔다 갔다 하면 되었을 거예요. 물론 전략적으로 생각하고 창의적 해결책을 낼 수 있는 사람이라면 모든 추를 한 번에 옮겨서 왔다 갔다 하는 수고를 줄일 수 있겠지요. 돌고래도 바로 이런 일을 해냈답니다. 그래서 돌고래가 전략적으로 생각할 수 있고 창의적으로 문제를 해결할 수 있다고 알게 되었지요.

정보 상자 1

전략적 사고와 창의력은 야생 동물의 다양한 사냥 전략에서도 관찰할 수 있어요. 진화가 진행되면서 종에 따라 사냥 전략이 생겼어요. 각각의 행동은 유전적으로 정해졌어요. 이런 경우에는 전략적 행동처럼 보여도 전략적 사고라고는 할 수 없겠지요. 그런데 영역마다 다른 사냥 전략을 사용해서 환경 변화에 적응할 수 있는 동물도 있답니다. 이런 적응과 변경은 대부분 전략적 사고와 창의적 문제 해결의 결과일 가능성이 커요. 다양한 사냥 전략의 몇 가지 예는 정보 상자 2에서 확인할 수 있어요.

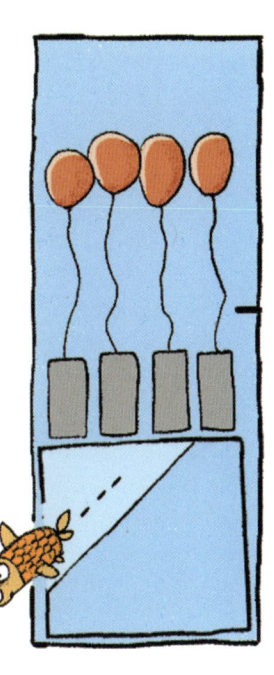

돌고래는 문제없이 전략적 사고 실험을 통과했어요.

생각하기

정보 상자 2

범고래는 다음과 같은 사냥 전략이 있어요.

- 물고기 떼를 작은 공간으로 몰아넣기 위해 둘러싸기
- 바다사자를 잡기 위해 얕은 해안가로 다가가기
- 빙산에 있는 바다표범이나 펭귄을 떨어뜨리기 위해 파도를 일으키기

범고래는 돌고래과에 속하는 고래 종이에요.

큰돌고래도 마찬가지로 돌고래과의 고래 종이에요.
텔레비전이나 만화영화에서 자주 볼 수 있지요.

큰돌고래는 다음과 같은 사냥 전략이 있어요.

🐾 물고기를 해안가로 몰아 뭍에 놓인 물고기를 잡기 위해 해안으로 다가가기

🐾 물고기가 빠져나가는 것을 막기 위해 공기 방울 커튼을 만들거나 진흙탕을 일으키기

🐾 바닥에 있는 먹이를 찾기 위해 해면동물을 장갑이나 마스크처럼 사용하기

🐾 (남아메리카 또는 아시아에서) 인간과 함께 작업하기: 물고기를 어망에 몰아주고 보상으로 물고기 받기

생각하기

자기 성찰

생각에서 생각을 이어가기

얼마나 자주 스스로에 대해 생각하나요? 왜 누구는 나를 싫어하고, 또 누구는 나를 갑자기 좋아할까요? 삶의 이유는 무엇이고, 나는 무엇을 위해 존재하는 것일까요? 내일의 일을 위해 나는 충분히 배웠을까요? 이렇게 스스로에게 질문을 던지는 것을 다른 말로 자기를 성찰한다고 해요. 이런 생각을 전문 용어로 **메타 인지**라고 하는데, 몇 년 전까지만 해도 인간만 할 수 있다고 믿었답니다.

학기 말에 선생님께서 성적을 올릴 기회를 주신다고 상상해 보세요. 여기에는 두 가지 선택지가 있어요. 하나는 비교적 쉽고 짧은 과제를 제출하는 것인데, 이 경우 나은 성적이 보장되지는 않아요. 다른 하나는 아주 어려운 발표를 실수 없이 하는 것이에요. 하지만 실패하면 오히려 낮은 성적을 받게 돼요. 그러니까 선생님의 제안을 두고 곰곰이 생각해야겠지요. 내일까지 훌륭한 발표를 준비할 시간이 있을까? 그냥 성적이 잘 나올 확률이 반반인 과제를 제출할까?

동물을 상대로 다음과 같은 실험을 진행했어요. 동물들에게 소리의 길이를 구별하는 과제를 주었어요. 예를 들어 한 음의 길이가 2초이고 다른 음의 길이가 6초라면 이 과제는 어렵지 않아

재미있어 보여도 이렇게 하지 않는 편이 좋아요. 언제나 동물이 좋아하는 것을 생각하고 의견이 다르더라도 존중해 주세요. 그래야 친구지요!

요. 하지만 음의 길이가 거의 같다면 무척 어려워지겠지요? 그러면 동물들은 '내가 소리를 잘 구별하고 실험에 참여할 수 있을까?'라는 질문을 스스로에게 던져야 할 거예요. 정답을 맞히면 정말 맛있는 것을 먹을 수 있지만, 틀리면 아무것도 얻지 못하거든요. 동물들은 실험에 참여하지 않기로 결정할 수도 있어요. 그래도 과자 몇 개는 얻을 수 있고요.

이 실험에서 동물들이 정답을 맞혔는지는 중요하지 않아요. 핵심은 실험에 참여하기로 결정했는가이지요. 자기 성찰을 통해서만 이런 결정을 내릴 수 있으니까요. 실제로 동물들은 소리를 구분할 수 있다고 확신할 때만 실험에 참여하겠다고 결정했어요. 확실하지 않으면 실험 장치로 들어가지 않고 과자 몇 개를 얻는 데 만족했지요.

생각하기

이 실험은 쥐와 비둘기, 꿀벌을 대상으로 진행했어요.

누군가 저에게 어떤 동물이 스스로에 대해 생각할 수 있느냐고 묻는다면 침팬지, 돌고래, 코끼리라고 대답할 거예요.

그런데 놀랍게도 쥐와 같은 설치류, 비둘기 같은 조류, 심지어 꿀벌 같은 곤충도 스스로에 대해 생각할 수 있답니다. 솔직히 말해 저 역시 믿을 수 없었는데, 실험 결과는 확실했어요. 개미의 자기 인식과 코끼리, 유인원, 인간의 자의식이 다르다고 배운 것을 기억하고 있겠지요? 그 차이를 만드는 능력이 자기 성찰(**메타 인지**)이에요. 개미에게도 자기 성찰 능력이 있고 꿀벌에게도 자기 인식 능력이 있는지 안다면 정말 대단하지 않겠어요? 그렇다면 이 작은 곤충들이 우리와 아주 비슷하게 생각한다고 가정해야 하지 않을까요(이에 대해서는 **공감** 단원을 읽어야 해요)? 정신 나간 생각 같지만, 이 두 가지 능력은 동물의 일상생활에서 중요하기 때문에 특별히 개발되었는지 몰라요. 우리는 정말 흥미진진한 시대에 살고 있고, 더 많은 것을 배우게 될 거예요.

비둘기도 스스로에 대해 생각할 수 있어요.

생각하기

자제심

보상을 미루는 것은 자연의 멋진 발명품이에요.

그런데 자기 성찰 자체가 목적은 아니에요. 자기 성찰 덕분에 우리는 스스로를 통제할 수 있지요. 과학자들은 보상을 미루는 것에 대해 이야기해요. 우리는 자신에게 인내심을 가지라고 명령할 수 있어요. "인내가 덕이다"라는 말은 맞아요. 자제력이 좋은 사람이 더 성공한다는 과학적 연구도 있으니까요. 이 연구를 마시멜로 실험이라고 해요. 하지만 저는 곰돌이 젤리를 가지고 네 살짜리 두 아들과 함께 실험했기 때문에 곰돌이 젤리 실험이라고 부른답니다.

까마귀도 자제력이 있어요.

실험

곰돌이 젤리 실험은 네 살 아이를 대상으로 하는 것이 가장 좋아요. 이 나이는 자제력이 발달하는 시기거든요. 자제력이 좋은 어린이가 나중에 인생에서 더 성공한다는 사실이 밝혀졌어요. 아이를 식탁에 앉히고 그 앞에 맛있는 음식이 담긴 접시를 두었어요. 저는 우리 아이들에게 곰돌이 젤리를 두 개씩 주었답니다. 그런 다음 아빠가 지금 해야 할 일이 있으니 잠깐만 기다리라고 이야기했어요. 그리고 방을 나가기 전에 아빠가 돌아올 때까지 간식을 먹지 않고 기다리면 똑같은 간식을 또 주겠다고 했지요. 그러고는 방을 나가서 15분쯤 있었어요. 무슨 일이 일어났을 것 같나요? 여러분도 직접 시도해 보세요!

- 마시멜로 실험에서 아이들의 자제력보다 실험자에 대한 신뢰 수준이 결과에 더 큰 영향을 미친다고 보는 비판적인 시각도 있어요. 마시멜로를 어떤 상태로 두는지, 실험자가 어떻게 지시하는지에 따라 결과가 달라진다면 객관적인 실험으로 보기는 어려우니까요.

생각하기

수학

동물도 셈을 할 수 있어요!

많은 사람이 수학을 매우 높게 평가해요. 대수학, 미적분학, 기하학, 확률론을 떠올리면 경외심에 몸이 굳을 것만 같아요. 여러분도 불편한 기분을 느끼고 있는 것이 확실해 보이네요. 수량을 파악하는 능력은 대부분의 동물에게 중요해요. 큰 식량원과 작은 식량원을 구별할 수 있어야 하지요. 또한 적을 많이 마주치는지, 적게 마주치는지도 중요해요. 그래서 대부분의 동물은 수량과 비례를 이해하는 데 꽤 능숙하답니다.

추상적 사고를 하는 새끼 거위들을 기억하고 있나요? 여기 또 다른 인상적인 예가 있답니다. 병아리도 수학을 할 수 있어요. 4-2와 1+2 중 어느 것이 더 작은가요? 0+3과 5-3 중 어느 것이 더 크죠? 병아리는 문제를 읽을 수 없지만, 작은 공을 이용해 정확하게 계산했답니다.

달걀을 얻기 위해서는 암컷 병아리만 필요하기 때문에 수컷 병아리를 거의 다 죽인다는 이야기를 들으면 슬퍼져요. 이것이 과연 도덕적으로 옳은 일일까요?

병아리도 셈을 할 수 있어요!

실험

타일을 몇 개 가져와 테이블 위에 놓고 보이지 않게 마분지로 덮어요. 실험에 참여한 사람에게 이제 마분지를 치울 테니 타일의 수를 세어 보라고 하세요. 이때 마분지는 정말 잠깐만 옆으로 빼야 해요. 실험에 참여한 사람은 자기가 본 타일이 몇 개인지 곧바로 대답해야 하고요. 대부분 네 개까지는 잘 맞힐 거예요. 그보다 많으면 추측이 난무해요. 이때 절대로 머릿속으로 타일 개수를 다시 셀 기회를 주어서는 안 돼요. 그러면 시각 기억에 남아 있는 정보를 활용하거든요. 그러니까 생각할 틈 없이 즉시 대답하게 하세요. 아주 짧은 시간에 네 개의 물체를 정확하게 파악하는 능력은 꿀벌을 비롯한 많은 동물에게도 있답니다.

생각하기

동물에게서 생각하는 법 배우기

우리 인간은 생각만큼 똑똑하지 않아요!

금융 위기라는 말을 들어 본 적이 있을 거예요. 금융 위기는 2007년 발생해 심각한 경제적 결과를 낳았어요. 유엔식량농업기구(FAO)에 따르면, 금융 위기 이전보다 1억 명이나 더 굶주리게 되었다고 해요. 대체 왜 이런 위기가 발생했는지 이해하는 것은 매우 중요해요. 대개는 양심 없이 행동한 몇몇 은행가의 탐욕 탓이라고 해요. 그런 엄청난 사기가 일어나도록 내버려 두고, 책임을 묻지 않은 정치인들도 비판받아요. 물론 모두 사실이지만, 그것이 정확한 원인은 아니에요. 위기의 발단은 과학에서 **손실 회피 편향**이라고 하는 동물의 전형적인 행동이었어요.

금융 위기 이전에 특히 미국에서는 누구나 은행에서 돈을 빌려 집을 살 수 있었어요. 이렇게 돈을 빌려주는 은행원들은 대출해 줄 때마다 조금씩 보수를 받았기에 고객이 빌려 간 돈을 갚을 능력이 있는지에 대해서는 별 관심이 없었어요. 결국 집이 너무 많아져서 임대 수익이 줄어들었어요. 그러자 일부는 대출금을 갚을 수 없어서 집을 되팔아야 했지요. 점점 더 많은 사람이 집을

↑ 금융 위기에도 달팽이는 집을 지킬 수 있었어요.

팔아야 했으므로 집값은 점점 더 싸져 예전보다 가치가 훨씬 떨어졌어요. 이런 결과는 아주 많은 사람에게 영향을 미쳤고, 아무도 집을 팔고 싶어 하지 않았어요. 사람들은 결국 끝까지 집을 팔지 않고 기다렸고, 그사이 집의 가치는 떨어질 대로 떨어졌지요. 손실을 꺼리는 마음이 나락으로 떨어지는 소용돌이를 만든 거예요.

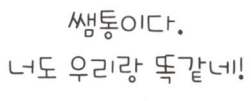연구자가 이러한 상황에 관심을 두게 되었고 동물을 이용한 실험을 생각해 냈어요(116쪽에 나오는 실험을 보세요). 이 실험은 매우 단순해서 꼬리감는원숭이를 대상으로 할 수 있었는데, 놀랍게도 이 원숭이들 역시 금융 위기를 불러올 뻔했답니다. 이처럼 우리 인간도 특정 행동 방식에서 벗어나기 어려운 동물이라는 사실을 인식해야 하기 때문에 동물로부터 많은 것을 배울 수 있어요. **행동경제학**이라는 연구 분야는 불합리한 인간 행동에 관심을 두고, 왜 인간이 신중해야만 하는 결정을 제대로 하지 못해 전 지구적 재앙을 불러오는지를 연구한답니다.

쌤퉁이다. 너도 우리랑 똑같네!

실험

이것은 실제로 꼬리감는원숭이에게 한 실험이에요. 물론 그 전에 돈으로 계산하는 법을 가르쳐야 했지만, 이들은 문제없이 배웠답니다.

실험은 이렇게 진행되었어요. 10센트를 가지고 있고, 그 돈으로 포도를 사려고 해요. 판매자는 둘이에요.

실험 A

1번 판매자: 10센트를 보여 주면 포도를 한 송이 내보여요. 거래를 하면 구매한 보상으로 포도를 한 송이 더 줘요. 그래서 총 두 송이를 받아요.

2번 판매자: 10센트를 보여 주면 포도를 한 송이 내보여요. 거래를 하면 구매한 보상으로 포도를 두 송이 더 줘요. 그런데 어떤 때는 세 송이를 주기도 하고 어떤 때는 한 송이만 주기도 해요. 그러니까 평균적으로는 두 송이를 받는 셈이에요.

친구들과 함께 이 실험을 해 보세요. 대부분의 사람들과 원숭이는 1번 판매자를 골랐어요. 그가 항상 우리를 기분 좋게 해 주기 때문이지요. 그에 비하면 2번 판매자는 우리를 놀리는 느낌이에요.

실험 B

1번 판매자: 10센트를 보여 주면 포도를 세 송이 내보여요. 좋은 거래를 기대했지만, 실망스럽게도 포도를 두 송이만 받아요.

2번 판매자: 10센트를 보여 주면 역시 포도를 세 송이 내보여요. 거래를 하면 실제로 포도를 세 송이 받아요. 다음에도 세 송이를 받고 싶어서 그에게 가지만, 포도를 한 송이만 받게 되기도 해요. 그러니까 평균적으로는 두 송이를 받는 셈이에요.

이 경우 사람들은 어떤 판매자를 선택할까요? 맞아요. 2번 판매자예요! 둘 다 평균적으로 포도를 두 송이씩 받게 되지만, 판매자가 상품을 어떤 방식으로 내보이느냐에 따라 구매자는 판매자를 선택해요. 실험 B에서 거래를 하기 전에 본 것과 달리 10센트를 내고 포도 세 송이를 받지 못하면 도둑맞은 기분이 들잖아요? 그래서 2번 판매자를 선택하는데, 이것이 바로 **손실 회피 편향**이랍니다.

모두가 탐내는 포도

느끼기

감정은 생각과 마찬가지로 우리 행동과 결정을 좌우하지만, 우리는 이를 깨닫지 못하곤 해요.

느끼기

누가 주도권을 쥐고 있나요?

작은 분자가 우리의 모든 행동과 생각, 감정에 영향을 미쳐요!

감정에 대해 이야기하기 전에 동물과 인간의 신체 구조, 그리고 행동이 나타나는 순서에 대해 설명하려고 해요. 대부분의 사람들은 신경계가 우리 몸을 제어하고, 뇌가 그에 알맞은 신호를 만든다고 생각해요. 하지만 실제로는 반만 맞는 말이에요. 사실 뇌는 신경뿐만 아니라 전달 물질을 통해서 우리 몸과 소통하거든요. 이런 것들을 생화학 화합물(**호르몬과 신경 전달 물질**)이라고 하는데, 우리 신체 세포 표면에 있는 **수용체**와 반응한답니다. 정확하게 말하자면 우리 몸에는 신경과 생화학 전달 물질이라는 두 가지 소통 장치가 있어요.

여러분은 이 책 앞부분의 **재미있는 일은 왜 재미있을까요?**에서 배운 내용을 기억하나요? 거기서 **도파민**이 보상 시스템에서 중요한 역할을 한다는 사실을 배웠어요. 도파민의 영향을 받으면 활동이 더 재미있어지고, 우리는 인내심을 가지고 그 일을 더 즐겁게 할 수 있어요. 활동이 기분을 좋게 하는 것처럼 환경이나 파트너도 마찬가지예요. 감정에 대한 합리적인 설명이 없

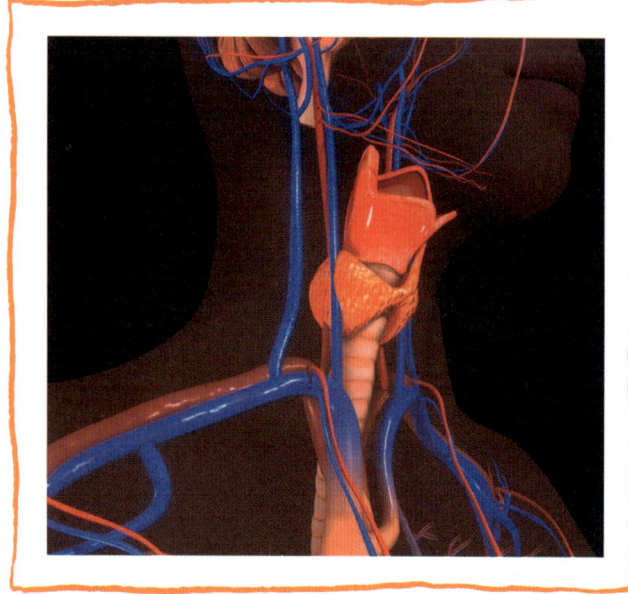

↑ 갑상샘은 호르몬 시스템의 일부예요.

는 경우도 많고, 감정을 다루는 방식은 매우 다양할 수 있어요. 한편으로 "감정에 휘둘리지 않겠어!"와 같은 말은 우리가 감정을 얼마나 사소하게 생각하는지를 잘 보여 주지요. 하지만 다른 한편으로 많은 SF 영화에서 로봇이 감정을 느낄 수 있을 때만 인간처럼 보여요. 이처럼 우리는 한편으로는 감정을 뛰어넘고 싶어 하지만, 다른 한편으로는 감정이 우리를 인간답게 만들어 주고 있답니다.

감정 그리고 생화학 전달 물질을 통한 감정의 조절은 자연의 오랜 발명품으로, 우리 유전자에 깊이 새겨져 있어요. 고도로 발달한 생명체일수록 감정을 쉽게 무시할 수 있어요. 예를 들어 두려움을 느끼지만 낙하산을 타고 비행기에서 뛰어내릴 수 있는 것처럼요. 하지만 앞에서 배웠듯이 우리는 **손실 회피 편향**에서 벗어나기 쉽지 않아요.

감정에 대해 어떻게 느끼든 감정은 행동을 통제하는 매우 효과적인 방법이에요. 감정이 없다면 인간도 동물도 살아갈 수 없을 거예요. 실제로 동물이 우리와 매우 비슷한 감정을 느낀다고 확신할 수 있어요. 작동 방식은 거의 같지요. 우리 인간만 다르게 느낀다는 믿음을 정당화하기는 어려워요. 지금부터 몇 가지 예를 살펴볼게요.

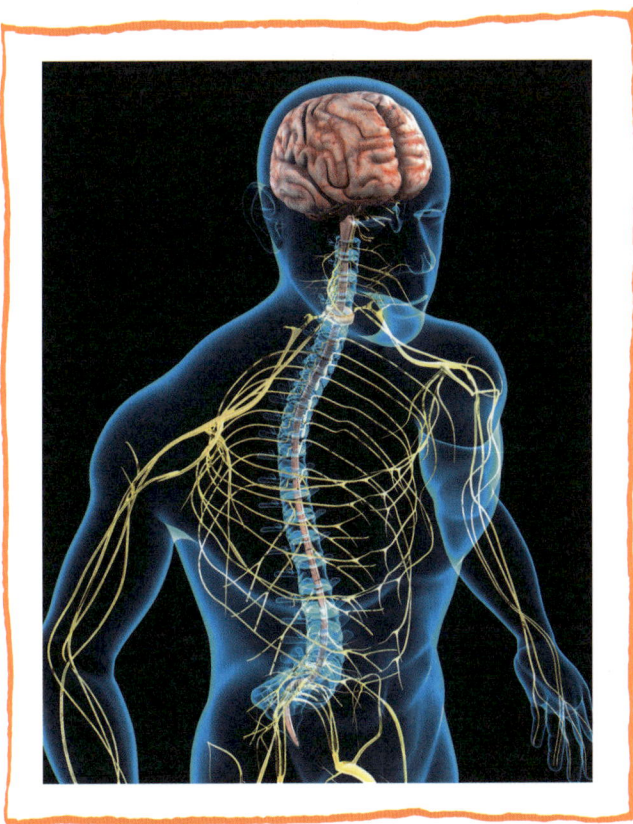

↑ 신경계

느끼기

사랑

사랑은 거의 5억 년 전에 발명되었어요!

여자친구나 남자친구가 한눈팔지 않기를 바라나요? 포유류로서 아주 까다로운 요구 사항이에요. 여러분이 새라면 이야기가 다르겠지만요. 새는 애인에게 매우 충실하지요. 한 계절 동안만 그런 새들도 있지만, 평생 신의를 지키는 새들도 있답니다. 새는 번갈아 가며 알을 품고 새끼를 돌보지만, 포유류의 수컷은 수정이 이루어지고 나면 바로 사라질 수 있어요. 새끼에게 젖을 먹일 수 없는 수컷은 '거의' 불필요하거든요. 그래서 애인에게 충실한 포유류를 찾기란 쉽지 않아요. 코끼리나 돌고래처럼 아예 암수가 따로 사는 경우도 많답니다.

프레리도그의 사랑은 끝이 없지요.

프레리도그는 거의 이틀 동안 쉬지 않고 사랑을 나누는 것으로 꽤 유명해요. 연구자들은 이 작은 설치류가 끝없이 사랑을 나누는 비법이 무엇인지 알고 싶어 했어요. 그러다 옥시토신이라는 유명한 호르몬을 발견했어요. 연구자들은 이 호르몬이 동물 세계에서 오래 유지되는 연인 관계에 정말로 영향을 미치는지 확인하기 위해서 옥시토신의 효과를 줄이는 약물을 투여했어요.

그랬더니 프레리도그는 더는 애인만 바라보지 않고, 비슷한 종인 들쥐나 대부분의 다른 포유류처럼 바람을 피웠어요.

옥시토신 호르몬은 한눈팔지 않고 연인과 끈끈한 유대감을 갖게 해 줘요. 하지만 옥시토신은 사랑의 묘약 그 이상이에요. 사회 공동체 안에서 개인들 사이에 신뢰를 만들어 주기 때문이지요. 이에 대한 재미있는 실험이 있어요. 은행원들에게 몰래 옥시토신을 투여하고, 그들이 대출을 승인하는 과정을 관찰해 보았어요. 그랬더니 은행원들은 옥시토신의 영향으로 더 빨리, 더 융통성 있게 대출을 승인했답니다.

이소토신은 옥시토신과 화학적으로 매우 비슷한 분자예요. 부부로 함께 사는 물고기들 사이에서 발견했지요. 그때부터 우리는 사랑과 서로 다른 개체 사이의 애정이라는 감정이 아마도 육지에 생명체가 존재하기 전부터 발명되었을 것이라고 알게 되었어요. 다음에 이어서 할 이야기도 중요해요. 우리 역시 물고기처럼 인생의 동반자를 찾으니까요. 우리가 이런 감정을 무시한다면 아이들은 상실감을 느끼고 쉽사리 아프게 될 거예요.

정보 상자

옥시토신 호르몬은 출산을 막 끝낸 포유류 어미에게서 발견되었어요. 옥시토신은 모유가 나오도록 도와줄 뿐 아니라 출산 뒤 엄마와 아이의 끈끈한 유대 관계도 만들어 주지요. 제왕절개 수술로 출산한 여성에게 이 호르몬을 스프레이로 투여하기도 해요. 자연 분만을 하지 않으면 필요한 만큼 옥시토신이 나오지 않기 때문이에요.

느끼기

짝 선택

올바른 짝을 골라야 질병으로부터 보호받아요!

앞쪽에서 제가 마지막으로 한 말을 믿을 수 있나요? 아니라고 하겠지만 그래도 사실이에요. 강아지든 큰가시고기든 인간이든 우리는 모두 냄새로 짝을 찾아내요. 그래서 누군가의 냄새는 잘 맡으면서 다른 사람들 냄새는 잘 못 맡기도 해요. 사춘기가 지난 형제자매는 서로의 냄새를 못 맡으면서도 서로 냄새난다고 하지요. 이것은 자연의 교묘한 트릭이에요. 이런 식으로 근친 교배를 피할 수 있으니까요. 하지만 그 뒤에 숨겨진 이야기는 훨씬 놀랍답니다.

알다시피 사람은 이런저런 질병에 걸려요. 누구는 감기에 쉽게 걸리고, 누구는 무좀과 싸우지요. 이게 다 면역 체계 때문이에요. 병원균에게 위협받는 일이 포식자의 위협보다 더 많아요.

큰가시고기에게는 우리처럼 짝을 찾는 훌륭한 코가 있어요.

거북이는 두꺼운 껍질로 포식자에게서 자신을 보호해요. 잡아먹히지 않기 위해 자기 모습을 위장하고 빨리 도망칠 수 있는 동물도 있고요. 그런데 우리 면역 체계는 우리를 아프게 할 수 있는 미세한 침입자들과 계속해서 싸우고 있지요.

다행스럽게도 대부분은 이겨 내요. 물론 사람마다 면역 체계가 달라서 특정 병원균은 잘 막아 내는데, 다른 병원균은 잘 막아내지 못하기도 한답니다. 짝을 찾을 때 우리의 코는 자신의 면역 체계를 가장 잘 보완해 주는 상대를 냄새로 찾아내요. 그 결과, 우리 아이들은 덜 아프게 된답니다.

어느 강에서나 볼 수 있는 큰가시고기에게서 이러한 관계가 드러났어요.

느끼기

슬픔

슬픔은 단순한 감정이 아니에요!

여러분도 슬펐던 적이 있겠지요. 가족 중 누군가가 죽어서 밑도 끝도 없이 슬펐던 적도 있을 거예요. 저는 동물도 슬픔을 느낄 수 있는지 항상 궁금했어요. 주인이 죽자 주인의 무덤가에서 굶어 죽었다는 충견의 이야기를 알고 있나요? 정말 감동적인 이야기지요.

하지만 개가 슬퍼서 죽은 걸까요? 어려운 질문이에요. 동물행동학자들은 이 질문에 그렇다고 대답하기는 어렵다고 해요. 왜 그럴까요? 개의 행동은 슬픔과 아무 관련이 없을 수 있어요. 여기서 슬픔이란 사람이든 동물이든 가까운 존재를 잃었다는 것을 인식하고 그 상실을 돌이킬 수 없음을 안다는 뜻이에요. 이런 사실이 우리를 아프게 하고 슬프게 만들지요.

개는 아주 슬프게 바라볼 수 있어요.

저는 개의 충성심을 부정할 수 없고 그러고 싶지도 않아요. 하지만 동물행동학은 이를 더욱 간단하게 설명하지요. 개가 단 **한** 사람과 함께 살다가 그 사람이 죽으면 사실상 자신이 속한 무리 전체가 사라져 버리는 거예요. 그러면 그 순간

개는 무엇을 해야 할지 모를 거예요. 그래서 동물행동학자들은 중요한 규칙을 하나 세웠어요. 정말로 슬퍼하는 동물은 사체에 관심을 두지만, 상황에 따라 사회 집단에서 정상적으로 행동해야 해요. 이에 대한 몇 가지 예가 있어요. 아프리카의 침팬지 무리는 죽은 이를 숭배해요. 이들은 죽은 새끼를 미라로 만드는 방법을 서로 배워요. 이 방법으로 죽은 새끼를 몇 달 동안 데리고 다닐 수 있지요. 돌고래에게서도 비슷한 모습이 관찰되었어요. 코끼리는 한참을 걸어와 죽은 동료에게 작별 인사를 한다고 알려져 있고요. 때로는 나뭇가지로 사체를 덮기도 해요.

동물들은 대부분 죽은 동물을 무시하지만, 혐오하며 외면하는 동물 종도 많아요. 사체에서 병원균에 감염될 수도 있기 때문에 이런 혐오가 도움이 되기도 해요. 이것은 감정이 행동을 어떻게 조종하는지 보여 주는 좋은 예지요.

슬퍼할 수 있으려면 어떤 정신적 조건이 필요한지 이해하기 위해서는 곧이어 이야기할 **공감**에 대해 알아야 해요. 다시 한번 놀라게 될 거예요.

코끼리는 죽은 코끼리를 덤불 아래 묻어요.

공감은 최고의 능력

다른 이의 입장에서 생각할 수 있다는 것은
사고의 진화에서 가장 위대한 발명일 거예요.

공감은 최고의 능력

공감

공감은 감정이라기보다는 생각의 특별한 형태예요!

누군가 다쳤을 때 어린아이들이 아주 이상하게 행동하는 모습을 본 적이 있나요? 아이들은 고개를 돌리거나 웃기 시작하지요. 아이들은 그 상황이 정상이 아니라는 것을 알지만, 도와주거나 위로하는 등의 방법으로 대처할 수 없어요. 어린아이들의 뇌가 아직 준비되지 않았기 때문이에요.

이야기를 더 하기 전에 한 가지 확실히 말해 두고 싶어요. **공감**은 같이 느낀다는 말인데, 이것은 반만 맞는 말이에요. 왜냐하면 공감은 같이 **느끼는 것**뿐만 아니라 함께 **생각하는 것**까지 포함하거든요. 이상하게 들리나요? 우리는 공감을 통해 다른 사람의 자리에서 그가 무엇을 생각하고 어떻게 느끼는지 상상할 수 있어요. 이것은 어려움을 겪는 누군가를 돕고 싶을 때 도움이 되지만, 한편으로는 누군가를 속이고 싶을 때도 도움이 된답니다.

앞쪽 사진에 나오는 '캘리포니아 덤불어치'라는 까마귀 종에서 아주 흥미로운 행동을 관찰했어요. 다른 동물의 먹이를 훔치기를 좋아하는 이 새는 먹이를 숨길 때 누가 보지 않도록 조심해요. 그러다 누가 본다고 느끼면 먹이를 다시 파내고 사라져요. 재미있는 점은 동료들의 먹이를 자주 훔친 나이 많은 새들만 그런다는 거예요. 아직 도둑질할 생각이 없는 어린 새들은 그렇게 하지 않아요. 나이 많은 새들은 다른 친구들도 서슴지 않고 도둑질한다고 알고 있기 때문에 그

130

범고래는 아주 똑똑하지만 매우 위험한 포식자이기도 해요.

렇게 행동하지요. 어린 새들은 누군가 자기 것을 훔쳐 가는 일을 상상할 수 없으며, 자신이 도둑이 된 뒤에야 다른 동물들도 그렇게 할 거라고 믿어요. 그러니까 성체가 된 동물은 다른 동물의 입장이 되어 볼 수 있어요.

물론 다른 동물을 돕는 동물도 있어요. 썰물로 바닥이 드러나는 바다에서 탈출하도록 고래를 도와준 돌고래가 있었어요. 또 범고래와 싸우는 다른 고래를 도와준 고래 종도 있었고요. 고대 그리스에는 소년을 구조한 돌고래를 기리는 동전도 있었대요. 138쪽 **폭력**에서 아주 멋진 공감의 사례를 소개할 거예요.

과학에서는 이러한 **정신 능력**을 **마음 이론**이라고 해요. 스스로에 대해서뿐 아니라 타인에 대해서도 생각할 수 있는 능력이지요. 이것은 지금까지 우리가 아는 한 뇌가 할 수 있는 가장 복잡한 일이랍니다.

공감은 최고의 능력

거짓 믿음

다른 사람이 옳지 않다고 상상하는 일은 놀랍도록 복잡해요!

마음 이론(다른 이에게 무슨 일이 일어나고 있는지에 대한 생각)에서 가장 수준 높고 복잡한 형태가 '거짓 믿음'이랍니다. 걱정하지 마세요. 종교에 관한 이야기가 아니에요. 다른 사람이 실제로는 거짓인 것을 진실이라고 믿는다고 상상하는 것에 대한 이야기예요.

거짓 믿음은 과학이 어떻게 진화하는지를 보여 주는 좋은 예이기도 해요. 라이프치히의 유명한 과학자인 마이클 토마셀로(Michael Tomasello)는 수십 년 동안 거짓 믿음에 관해 많은 논문을 썼어요. 그는 실험을 통해 오직 인간만이 거짓 믿음이라는 개념을 이해한다는 점을 보여 주었어요. 하지만 실험 방법을 조금 바꾸자 유인원에게도 이런 능력이 있음을 입증할 수 있었지요.

사실 이제 저는 우리 인간에게만 있는 정신적 능력이 뭔지 모르겠어요. 그렇지만 마지막 장에서는 우리 인간이 놀랍도록 성공한 이유를 이야기할게요. 우리에게는 특별한 무언가가 있답니다.

실험

이 실험은 나이가 제각각인 아이들과 함께할 수 있어요. 먼저 아이들에게 실험에 참여하고 싶은지 물어보세요. 동의하면 다음 이야기를 들려 주세요.

> 옛날 옛적 카리브해에 해적이 살았어요. 해적은 배가 고파서 샌드위치를 만들었어요. 그는 샌드위치를 식탁 위에 둔 채로 목이 말라서 마실 것을 가지러 갔어요. 그 순간 거친 바람이 불어와 샌드위치를 식탁에서 날려 버렸어요. 곧이어 두 번째 해적이 와서 역시 자기 샌드위치를 식탁 위에 올려놓았어요. 그러고는 그도 목이 말라서 마실 것을 가지러 갔답니다. 그때 첫 번째 해적이 돌아와서 식탁 위에 놓인 샌드위치를 보았어요.

이제 실험에 참여한 아이에게 "이 해적은 어떤 샌드위치를 먹을까요?"라고 물어 보세요. 세 살이 안 된 아이들은 "바닥에 있는 샌드위치"라고 대답할 거예요.

이제 이야기를 계속해 주세요. 그런데 이번에는 해적이 식탁에 있는 샌드위치를 가져가요. 다시 아이에게 물어 보세요. "왜 식탁에 있는 샌드위치를 가져갔을까요?"

그러면 어린아이들은 보통 몇 가지 이유를 생각해 내지만, 자기가 아는 것을 해적은 알 수 없다는 사실을 생각하지 못해요. 그런 세상에서는 산타클로스가 존재해요. 정말 멋지네요!

실험에 참여한 아이 중에 나이가 많은 아이가 있다면 "해적은 식탁 위에 있는 샌드위치를 먹을 거예요!"라고 '논리적으로' 대답할 거예요. 그러면 이렇게 물어볼 수 있어요. "하지만 그 해적의 샌드위치가 아니잖아요. 그럼 그 해적은 벌을 받아야 할까요?"

예닐곱 살이 안 된 아이들은 해적이 벌을 받아야 한다고 대답할 거예요. 조금 더 나이가 들어야 과실을 판단할 수 있어요.

공감은 최고의 능력

우리는 왜 동시에 하품할까요?

함께 하품하는 것은 서로 연결되어 있다는 표시예요!

피곤하지도 않은데 옆에서 누가 하품을 하니까 따라서 하품한 적이 있나요? 하품하는 이유에 대해 여러 가지 추측이 있지만 아무도 확실하게 알지 못해요. 우리 인간만 하품을 하는 것은 아니에요. 개도 하고, 고양이도 하고, 새도 하고, 파충류와 물고기도 하품을 하지요. 우리는 대개 피곤하거나 지루할 때 하품을 해요.

다른 사람들과 함께 하품할 때의 효과는 정말 특별해요. 어쩌면 이런 식으로 우리는 다른 사람과 공감한다는 사실을 보여 주는 듯해요. 아마도 우리 조상들은 장거리 여행을 하다가 아무런 말 없어도 누군가 하품을 시작하면 그것을 신호로 삼아 잠시 쉬어 갔을 거예요.

하품은 전염되지요.

공감은 최고의 능력

1992년에 놀라운 사실을 발견했어요. 예를 들어 원숭이는 다른 원숭이가 다치는 모습을 볼 때 다친 동물과 동일한 신경 세포(뉴런이라고 불러요)가 활성화되어요. 비유하자면, 관찰자의 뇌에 있는 신경이 거울처럼 반응하는 거예요. 그래서 **거울 뉴런**이라는 이름이 생겨났답니다. 당시에는 마침내 공감이 어떻게 발생하는지 알아냈다고 생각했어요. 마치 우리 신경계 안에 다른 사람의 생각과 감정을 모방하는 또 다른 신경계가 있는 것처럼 보였거든요. 어쩌면 그럴지도 모르지만, 이는 거울 뉴런하고만 관련된 것은 아니에요. 또 이런 일이 인간과 영장류에게만 일어나는 것도 아니고요.

하품을 따라 하는 일은 우리의 거울 뉴런이 다른 사람에게서 관찰한 피곤함을 모방했다는 사실을 드러내 보이는 것일 뿐이에요. 그건 그렇고, 오늘날 우리는 앵무새나 늑대 같은 동물도 함께 하품한다는 사실을 알고 있어요. 심지어 개는 사람을 따라 하품한답니다.

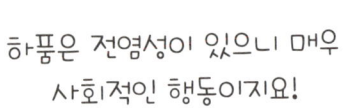
하품은 전염성이 있으니 매우 사회적인 행동이지요!

실험

학교, 스포츠 경기, 카드 게임, 모두가 늦잠을 잔 일요일의 아침 식사 등등 여럿이 함께 모여 있는 다양한 상황을 떠올려 보세요. 그런 다음 처음에는 눈에 띄지 않게, 나중에는 본격적으로 하품을 하세요. 분명히 한두 명이 하품에 동참할 거예요!

공감은 최고의 능력

폭력

공감은 폭력과 공격성의 맞수예요!

폭력은 대부분 공격성에서 비롯되며, 그 원인은 예컨대 정의롭지 못하다는 인식 때문이에요 (이에 대해서는 **정의** 단원에서 더 다룰게요). 때로는 자신을 주장하거나 자신을 방어하기 위해 폭력을 써야 할 때도 있으므로 폭력이 무조건 나쁜 것은 아니에요. 하지만 이러한 폭력이 확대되는 것을 막기 위해 우리는 폭력을 억제하는 메커니즘을 가지고 있어요. 일정한 나이가 된 건강한 사람이라면 다른 사람이나 동물에게 연민을 느끼기 때문에 극단적인 폭력은 발생하지 않아야 하지요. 그런데도 왜 그렇게 자주 폭력이 심해질까요? 왜 우리는 전쟁을 벌이는 것일까요? 이와 관련하여 심리학자들은 피해자를 비난하고 그에 대해 나쁘게 얘기함으로써 우리의 연민을 약화하는 방식이 있다고 설명해요. 예를 들어 노예는 노예일 뿐이기 때문에 '당연하게' 구타당하거나 심지어 살해당할 수 있어요. 뚱뚱한 아이를 놀리는 것은 '당연한' 일이에요. 왜냐하면 그는

쥐는 연민을 느껴요.

우리와 다른 뚱뚱한 아이이기 때문이지요. 이런 이유로 다른 아이들에게는 하지 않을 일을 그 아이에게 하는 것은 우리에게 '당연해' 보여요. 예를 들어 소는 가축이기 때문에 고기를 얻기 위해 죽일 수 있고, '당연히' 우리는 소를 착취할 수 있어요. 지금 제가 무슨 말을 하는지 이해했으리라 믿어요.

이런 일이 쉽게 벌어진다면, 우리는 반대로 더 많은 연민을 통해 극단적인 폭력을 막을 수 있어야 해요. 물론 연민을 위한 약이 있다면 가장 좋겠지요. 쥐를 대상으로 이 약을 연구하고 있는데, 쥐들은 우리 집 쥐와 비슷하게 행동해요(141쪽 실험을 보세요). 쥐들은 초콜릿 과자를 먼저 먹은 다음 친구를 덫에서 풀어줄 것인지 선택할 수 있었어요. 그런데 쥐들은 먼저 덫을 열고 풀려난 쥐와 함께 초콜릿 과자를 먹기로 결정했지요. 이처럼 쥐는 우리와 매우 비슷하게 생각하고 느낀답니다. 그렇지 않다면 쥐를 대상으로 실험한 약이 인간에게 전혀 효과가 없겠지요. 정신 질환을 치료하기 위한 다른 많은 약물도 이와 마찬가지랍니다.

공감은 최고의 능력

이 쥐덫은 저에게 엄청난 놀라움을 선사해 주었어요.

실험

이번에는 여러분을 위한 실험 대신 저에게 일어난 일을 이야기해 볼게요. 제 서재는 1층에 있는데, 여름에는 정원으로 통하는 미닫이문을 열어 둔답니다. 그런데 이따금 그곳으로 쥐가 들어와서 나가지 않는 거예요. 그래서 땅콩 누가 크림을 미끼로 사용해 덫을 놓아 쥐를 잡아요. 보통 때는 아주 잘 잡혀요. 그런데 어느 날 덫이 닫혀 있는데 쥐가 보이지 않았어요. 가만히 보니 잠금장치 부분에 작은 돌멩이가 끼워져 있는 거예요. 그때 머릿속에 떠오른 상황이 너무 환상적이어서 믿을 수가 없었지요. 쥐 한 마리가 덫에 걸렸는데 다른 쥐가 그 쥐의 입장이 되어서(즉, 공감해서) 문제를 인식한 거예요. 쥐는 동료를 구할 전략을 생각했어요. 그러고는 온갖 종류의 잡동사니를 모았지요(덫 주위에는 깃털, 플라스틱 조각, 작은 막대기와 돌멩이가 놓여 있었어요. 모두 어디에서 왔는지 모르겠어요). 쥐는 갇힌 친구와 함께 잠금장치를 밀어내고 그 사이에 작은 돌멩이를 끼워 넣을 수 있었어요.

자연에서 문화로

사전을 보면 문화는 인간이 만들어 낸 것으로 자연과 반대된다고 쓰여 있어요. 하지만 이는 사실이 아니에요. 문화는 자연이 만든 아주 쓸모 있는 발명품이랍니다!

자연에서 문화로

식문화

범고래는 지구에서 가장 오래된 식문화를 지키고 있어요!

사전을 믿는다면 문화는 인간이 만든, 자연과 대조되는 것이지요. 하지만 과학자들은 더 나은 설명을 내놓았어요. 이에 따르면 기본적으로 사회적 상호 작용 과정에서 습득되는 모든 행동, 쉽게 말해 다른 이에게서 배우는 모든 행동이 곧 문화랍니다. 예를 들어 타고난 행동이나 내가 스스로 배운 행동은 문화가 아니에요. 이 두 가지 행동은 자연에 널리 퍼져 있지요. 그런데 동물의 세계에도 드물긴 하지만 문화가 분명히 존재한답니다. 그럼 한 가지 예로 동물의 식문화를 살펴볼까요?

숟가락과 젓가락으로 먹는 것은 우리의 식문화이며, 이것은 부모님께 배운 것이에요. 서양에서는 포크와 나이프를 써서 밥을 먹는데, 이것은 물론 그들의 식문화지요. 무슬림은 돼지를 먹지 않고, 인도 사람은 소를 먹지 않으며, 누군가는 개를 먹지 않아요. 이것도 식문화의 예랍니다.

캐나다 서부 해안에는 두 개의 다른 범고래 무리가 살고 있어요. 한 무리는 물고기를 좋아하고, 다른 무리는 포유류만 먹어요. 이 두 무리는 한 지역에 살지만 완전히 분리되어 있고, 아마

범고래에게는 식문화가 있어요.

서로 대화조차 하지 않을 거예요. 유전자 연구를 통해 이 두 무리는 약 70만 년 전부터 생활 방식이 달랐다는 사실을 알게 되었어요. 연구자들은 범고래가 먹이를 먹는 행동이 학습된 행동이므로 이것을 문화라고 불러야 한다고 확신한답니다.

자연에서 문화로

유행 따르기

여러분만 멋있어지고 싶어 하는 것은 아니에요!

여러분이 별로라고 생각하는 아이가 여러분이 갖고 싶어 하는 값비싼 새 운동화를 신고 학교에 온다면 어떨 것 같아요? 그다지 기분이 좋지 않을 거예요. 그런데 왜 멋지고 잘생겨 보이고 싶어 하는지, 왜 매력적으로 보이고 싶어 하는지 스스로에게 물어본 적이 있나요?

동물행동학의 답변은 아주 냉정해요. 바로 자신의 건강함을 과시하기 위해서이지요. 예를 들어 극락조는 깃털이 특히 긴데, 이 깃털은 아주 불편하고 심지어 방해가 되지요. 그런데도 극락조는 길고 불편한 깃털을 통해 동료들에게 자신이 얼마나 건강한지 보여 준답니다. 자신이 그런 불편함도 잘 감수할 수 있다는 뜻이지요. 과학자들은 이를 **핸디캡 가설**이라고 불러요. 참고로, 이런 데 너무 집착하다가 심지어 멸종하기까지 한 검치호랑이 같은 동물도 있답니다.

우리 인간은 거대한 송곳니도 없고 엉덩이에 화려한 깃털도 없으니 다른 무언가를 생각해 내야 해요. 여기서 나온 것이 바로 우리 문화의 일부랍니다. 운동화에서부터 빨간색 오픈카까지 그

여러분의 운동화는 새의 꼬리와 기능이 똑같아요.

범위는 다양해요. 우리가 건강함을 돈으로 바꿀 수 있기 때문에 가능한 일이지요. 다른 어떤 동물도 2톤짜리 쇳덩이나 한 철 지나면 유행이 끝날 고무 밑창에 흥미를 갖지 않아요.

물론 아름다운 트릭도 있어요. 대체 누가 멋진 노랫소리의 매력에 저항할 수 있을까요? 노래를 잘하지 못한다면, 적어도 플레이리스트에 최신곡 정도는 넣어 두어야 하지요.

혹등고래도 아주 비슷해요. 어쩌면 여러분도 혹등고래의 노래를 들어봤을 거예요(노래는 수컷만 한답니다). 혹등고래는 상황에 맞는 폭넓은 레퍼토리가 있지만, 그들의 노래에는 이야기가 없어요. 단순히 누가 노래를 잘하느냐의 문제일 뿐이지요. 이것이 암컷에게 깊은 인상을 주기 위한 것인지, 아니면 다른 수컷을 쫓아내기 위한 것인지는 확실하지 않아요. 하지만 우리는 혹등고래의 노래가 문화유산이며, 해마다 바뀐다는 점은 알고 있지요. 새로운 요소를 생각해 내거나 다른 혹등고래의 새로운 요소를 자기 노래에 빠르게 녹여 내는 혹등고래가 더 매력 있어 보여요. 그래서 무리에 속하고 싶으면 유행을 따라야만 하고, 이것을 잘하는 고래가 빠른 학습자로서의 정신적 잠재력을 발휘하지요. 과학자들은 바다를 휩쓸고 다니는 문화의 파도를 이야기하기도 해요. 왜냐하면 노래가 한 고래에서 다음 고래로 전달되어야 하기 때문이지요.

자연에서 문화로

새 둥지

건축가이자 디자이너인 동물들!

새 둥지는 사실 문화의 좋은 예가 될 수 없어요. 왜냐하면 둥지를 짓는 방식이 유전적으로 미리 결정되어 있기 때문이에요. 하지만 바우어새의 둥지는 예외랍니다. 이 둥지는 여러 면에서 아주 특별해요. 바우어새의 둥지는 알을 품기 위해서가 아니라 오직 암컷을 유인하고 유혹하기 위해 존재해요. 그래서 대부분의 다른 새 둥지와 달리 눈에 띄고 화려하게 장식되어 있지요. 심지어 식물 수액으로 벽을 칠하고 색깔이 같은 온갖 종류의 물건을 모아 놓아요. 이것만으로도 이미 엄청난데, 경험 많은 새들이 어린 새들을 가르치는 모습도 관찰할 수 있답니다. 그렇다면 둥지를 짓는 방식이 사회 공동체 안에서 분명히 유지되고 전승되는 문화유산이라는 뜻이므로 문화에 대한 우리의 개념을 적용할 수 있겠지요.

이 둥지는 알을 부화시키기 위한 것이 아니라 암컷을 유혹하기 위한 거예요.

자연에서 문화로

도구 사용

침팬지도 도구를 사용해요!

100년 전만 해도 인간만 도구를 사용할 수 있다고 생각했어요. 오늘날 우리는 물고기와 곤충도 도구를 사용할 수 있다는 사실을 알지요. 하지만 도구 사용은 문화유산일 수도 있고, 스스로 습득하거나 타고난 행동일 수도 있어요. 그래서 여기에서는 모든 유형의 도구 사용 사례를 살펴보려고 해요. 침팬지가 도구를 사용할 수 있다는 사실은 1913년에서 1917년 사이에 테네리페섬에서 볼프강 쾰러(Wolfgang Köhler)가 진행한 실험으로 밝혀졌어요. 하지만 야생에서 도구 사용을 관찰한 것은 불과 수십 년 전의 일이랍니다.

예를 들어 침팬지는 젓가락으로 먹는 것을 좋아해요. 정확하게 말하면 젓가락을 한 개만 사용하지요. 이 젓가락을 개미굴에 집어넣으면 나머지는 먹이가 알아서 해요. 성난 개미들이 막대기에 달려들어 온 힘을 다해 상대를 물어뜯어요. 이제 그 개미들은 거친 손길로 굴에서 꺼내져 침팬지 입으로 들어가지요. 침팬지에게 개미는 일종의 단백질 간식이랍니다.

다양한 침팬지 무리가 이런 식으로 개미를 먹어요. 그런데 연구자들이 어떤 침팬지 무리가 다른

침팬지에게 개미는 간식이에요. 개미 찍어 먹기 또는 '개미 낚시'

무리보다 더 긴 막대기를 사용하는 모습을 발견했어요. 이에 대한 합리적 이유가 없었기 때문에 동물들이 다른 동물의 막대기 길이를 모방하여 이 길이 또는 저 길이의 막대기를 사용하는 것이 전통과 비슷하지 않을까 하고 생각했어요. 전통은 문화의 가장 단순한 형태이지요.

그러다 한 연구자가 막대기의 길이가 개미의 공격성과 관련이 있다는 사실을 발견했어요. 더 공격적인 개미를 잡아먹고 싶어 하는 침팬지는 공격하기 위해 돌진하는 성난 개미들을 피하려고 더 긴 막대기를 사용했어요.

이런 관찰을 통해 침팬지의 행동에 대한 자연적인 원인을 발견하고 문화가 아님을 증명했어요. 하지만 침팬지가 망치와 모루를 사용하는 방식은 달랐어요. 망치와 모루는 때로는 돌로, 때로는 나무로 만들어졌는데, 두 재료 모두 동시에 사용할 수 있었거든요. 이러한 차이에 대한 자연적인 원인을 찾을 수 없었기 때문에 유인원들이 이러한 도구를 사용한 것을 문화유산으로 본답니다. 연구자들은 침팬지의 석기 시대에 대해서도 이야기하는데요, 땅을 파다가 수천 년 된 침팬지의 석기 도구를 발견할 수 있었기 때문이에요.

자연에서 문화로

돌고래는 해면을 장갑으로 사용해요.
아, 미안해요. 마스크군요.

정보 상자

동물이 도구만 쓰는지, 아니면 스스로 도구를 만드는지 구분해야 해요. 돌고래는 해면을 예민한 입에 쓰는 장갑처럼 사용해요(어쩌면 마스크라고 하는 편이 더 낫겠네요). 네, 돌고래는 모래를 파헤치니까 제 말을 믿으세요! 하지만 돌고래는 해면을 사용할 뿐이지 직접 만들지는 않아요. 연구자들은 창을 만드는 일이 전략적으로 계획된 과정이라고 설명해요. 그렇다면 그것은 제조의 문제이지요.

새들이 사람이 만든 도구를 사용하는 것을 뭐라고 불러야 할지 잘 모르겠어요. 실제로 새들이 견과류를 먹기 위해 자동차를 이용하는 모습을 관찰한 연구도 있답니다.

자연에서 문화로

애들레이드의 춤추는 돌고래

돌고래를 위한 돌고래 쇼!

동물의 문화를 잘 기록한 연구가 호주 남부의 애들레이드에서 나왔어요. 제 친구인 마이크 보슬리(Mike Bosley)가 발견했지요. 어느 날 보슬리는 암컷 돌고래 한 마리가 꼬리지느러미를 이용해 물 위로 몸을 드러내고 거꾸로 헤엄치는 모습을 관찰했어요. 이것은 돌고래 수족관에서 하는 쇼에서나 볼 수 있는 행동이라서 분명히 자연스럽지 않은 행동이었지요. 보통 야생 돌고래는 이런 행동을 하지 않아요. 대체 무슨 일이 있었던 걸까요?

이 암컷 돌고래는 어느 날 어망에 걸렸다가 풀려난 적이 있었어요. 부상이 매우 심해 가장 가까운 돌고래 수족관으로 옮겨져 치료를 받았지요. 돌고래는 몇 주 동안 그곳에 머물렀지만 다른 돌고래들의 훈련에는 참여하지 않았어요. 회복하면 야생으로 돌려보낼 예정이었거든요. 그리고 예정대로 바다로 돌려보냈는데, 얼마 뒤 그 돌고래는 돌고래 수족관에서 추는 춤을 야생에서 추기 시작했어요. 포획된 돌고래들이 추는 춤을 따라 하다가 어느새인가 '오, 재밌겠는걸? 나도 한번 해봐야지'라고 생각한 듯해요. 오늘날 이 지역의 많은 돌고래가 꼬리 춤을 추고 있답니다. 그러니 이 춤은 이제 이 지역 돌고래들의 문화유산이 되었다고 볼 수도 있겠지요.

돌고래 수족관에서는 돌고래가
온갖 부자연스러운 묘기를 부려야 해요.
하지만 꼬리 춤은 야생 돌고래 사회에서
문화유산이 되었어요.

정의

정의는 사회생활에서
가장 중요한 요소예요.

정의

공정

세상은 공평하지 않지만, 우리가 좀 더 공평하게 만들 수 있어요!

인생은 고단하고 불공평해요. 우리는 안 좋은 일을 만나면 이런 말로 스스로를 위로하려고 하지요. 다른 사람들은 모든 일이 잘 풀리는데 어째서 나는 안 그럴까요? 현명한 사람들은 비교하지 말고 내 안에서 행복을 찾으라고 조언해요. 아마 맞는 말일 거예요. 하지만 우리는 사회적 존재라서 계속 남과 비교하게 되지요.

우리는 사회 연결망에서 공정하게 대우받고 있는지, 모든 것이 공정한지 끊임없이 확인해야 해요. 과학은 불평등에 대한 혐오에 대해 이야기해요. 불평등에 대한 혐오는 인간과 많은 동물에게 깊이 뿌리박혀 있으며, 사회 연결망에서 적절한 자리를 차지할 수 있도록 해 준답니다.

궁극적으로 이 능력 덕분에 정의롭고 공정하며 평화로운 공존이 보장되지요.

이 주제에 대한 첫 번째 실험은 꼬리감는원숭이를 대상으로 했어요. 실험은 다음과 같이 진행되었어요. 작은 원숭이가 각각 한 마리씩 들어 있는 우리 두 개가 있었어요. 원숭이들이 우리 밖으로 작은 돌을 통과시키는 과제를 수행하면 보상으로 오이 한 조각을 받았어요. 그런데 얼마 뒤 원숭이 한 마리가 보상으로 포도를 받았어요. 우리뿐만 아니라 원숭이들도 포도를 오이보다 훨씬 맛있다고 느끼지요. 따라서 포도를 못 받은 원숭이는 불평등한 대우를 참지 않았어요. 원숭이는 큰 소리로 항의하고 심지어 전에 받은 오이를 우리 밖으로 내던졌답니다. 원숭이

는 자신이 부당한 대우를 받았다는 사실을 분명하게 알고 있었던 거예요.

원숭이, 쥐, 개, 침팬지, 까마귀, 고릴라에게도 비슷한 실험을 했는데, 결과는 모두 같았어요. 그런데 놀랍게도 다람쥐원숭이와 오랑우탄은 불공평한 대우에도 별 반응을 보이지 않았어요. 그렇다고 두 종이 다른 유인원보다 영리하지 않다는 의미는 아니에요. 단독 생활을 해서 그런지 사회생활에서 정의를 보장하는 장치를 발달시키지 못했어요.

불평등에 대한 혐오가 사회생활에서 중요한 이유는 이것이 불의에 대항하기 위한 전제 조건이기 때문이에요.

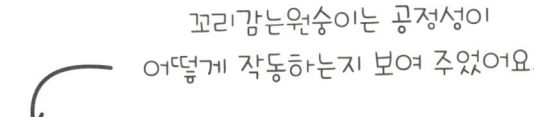

꼬리감는원숭이는 공정성이 어떻게 작동하는지 보여 주었어요.

정의

도덕

공정성은 도덕의 토대예요!

도덕성 개념은 어떤 것이 공정한지 아닌지를 판단하는 능력에 바탕을 두고 있어요. 도덕성은 고정된 사실이 아니라 시간의 흐름에 따라, 그리고 나라마다 달라져요. 심지어 속임수를 써서 조작할 수도 있지요. **폭력**에 관한 장에서 배운 피해자 비하도 그러한 속임수 중 하나예요. 사람들은 인격권을 가진 사람과 다른 사람을 노예로서 섬기는 사람을 단순하게 구분해요. 그래서 인류 역사에서 수천 년간 노예를 소유하는 것이 정상적인 일이었지요. 그러나 노예제를 금지하기로 한 결정은 불의를 인식하는 위대한 능력에서 나온 것이었어요.

이런 관계를 알고 나면 자연에 대한 자부심이 생겨요. 자연은 먹고 먹히는 이야기보다 훨씬 더 많은 것을 제공해요. 제가 보기에 공정성은 꽃처럼 아름다워요. 동물에게 이런 능력이 있는 세상이 동물에 대한 제한된 이미지만 있는 세상보다 훨씬 더 흥미롭지 않나요?

그러나 공정성을 알아보는 실험 이야기는 아직 끝나지 않았어요. 불공평하게 나눠준 것에 대한 인식이 도덕성과 똑같은 의미는 아니기 때문이에요. 윤리적 판단이 있을 때만 그 행동을 도덕적이라고 할 수 있어요. 예를 들어 더 나은 대우를 받은 원숭이가 포도를 나눠 먹거나 항의의 표시로 포도를 받지 않는다면 말이지요. 그런데 침팬지를 대상으로 한 실험에서 정확히 이런 현상이 나타났답니다.

이게 정말 옳은 걸까?
아니면 차라리 내가 …?

정의

소유

나비도 소유를 알아요!

10대 시절 저는 사진에 빠져 몇 년 동안 생일과 크리스마스에 사진 장비를 선물로 받았답니다. 아버지와 함께 몇 시간 동안 암실에서 있으면서 그림자 유령이 인화지 위에서 사람, 풍경, 동물이 되는 과정을 흥미진진하게 지켜보았지요. 하지만 좋은 시절이 끝나고 돈도 점점 떨어져서 사진 장비를 팔 수밖에 없었어요. 정말 마음이 아팠지요. 물론 부모님의 결정을 이해했지만 그건 정말 **제 것**이었거든요. 제가 아버지께 장비를 빌려 썼다면 그것을 파는 일이 아무렇지 않았을 것 같아요. 가만히 생각하면 물건을 소유하고 있다는 사실이 아니라 그 물건과 함께 보낸 시간과 즐거움이 훨씬 더 중요하지 않을까요?

하지만 알다시피 현실은 그렇지 않지요. 우리는 한번 가진 것을 쉽게 포기하지 않으니까요. 경제학자들도 이 이상한 태도에 주목했답니다. 경제학자들은 무언가를 갖고 있는 사람이 그것을 처음 얻으려고 하는 사람보다 훨씬 많은 에너지를 써서 자신의 소유물을 지킨다는 사실을 보여 주었어요. 이것을 **소유 효과**라고 해요.

불평등을 섬세하게 알아차리는 능력처럼 소유 효과도 아주 오래전에 생겨났어요. 나비조차도 자기가 앉아 있는 꽃을 지키기 위해 공격자보다 훨씬 더 많은 에너지와 체력을 쓰지요. 하지만 실

162

제로는 다툼이 벌어지지 않고 다른 나비가 차지한 것을 존중하는 결과가 나타난답니다.

진화 과정에서 이런 소유 효과가 생겼다는 설명도 꽤 논리적이에요. 싸움은 심각한 부상의 위험이 있기 때문에 단기적인 이익을 위해 먹이가 조금 있는 구역을 얻자고 싸우지는 않지요.

저에게 이것은 다시 한번 자연의 진정한 아름다움을 보여 주는 사례이자 우리의 오래된 세계관이 얼마나 편협한지를 보여 주는 증거랍니다.

동물도 자기 것을 알아요.
이 꽃은 나비의 것이지요.

내 거!

정보 상자

이 내용은 '인간이 동물을 소유할 수 있는가?'라는 물음에 골몰하는 철학자와 윤리학자에게 흥미로운 주제예요. 사람들의 일반적인 생각도 그렇고 법을 살펴봐도 동물은 소유 개념이 없기 때문에 스스로를 소유할 수 없다고 가정하지요. 이 때문에 동물을 소유하고, 착취하고, 심지어 죽여도 아무런 문제가 없다고 생각해요. 하지만 과학적 관점에서 보면 이런 태도는 시대에 뒤떨어진 것이에요. 1980년에 소유 효과가 발견된 이후 동물도 소유 개념이 있으며, 따라서 스스로를 소유할 수 있다는 것을 알고 있기 때문이지요.

정의

작지만 큰 차이

우리 행동의 사소한 특성 하나가
인간을 매우 성공적인 종으로 만들었어요!

개인 차원에서 인간은 생각하고 느끼는 것이 다른 동물과 거의 다르지 않아요. 인간은 동물계에서 진화했고 동물계에 뿌리를 두고 있으므로 이는 논리적으로도 당연한 일이지요. 하지만 직비원류의 여러 종 가운데 하나인 인간이 성공할 수 있었던 한 가지 작은 특성이 있어요. 바로 협력하려는 의지랍니다.

침팬지 새끼와 인간 아이의 사회적 행동을 비교해 보면, 인간만큼 또래 집단이 주는 압력에 기꺼이 굴복하는 동물이 없다는 사실을 알 수 있어요. 상상이 가나요? 여러분은 정말로 또래 집단의 압력에 굴복하기를 좋아하나요? 아니, 그렇지 않겠죠! 하지만 이제 정말로 놀라게 될걸요?

여러분이 유치원생이라고 상상해 보세요. 교실에 작은 상자가 있는데, 트릭을 쓰면 깜짝 선물이 튀어나오지요. 그런데 여러분이 그 트릭을 알고 있는 유일한 사람이라면 어떻게 하겠어요? 침팬지 새끼라면 망설이지 않고 트릭을 써서 선물을 받았을 거예요.

하지만 인간 아이는 전혀 다르게 행동했어요. 혼자 선물을 받을 때 다른 친구들이 생각하게

↑ 이건 생각 못 했을 거예요. 그렇죠?

될 것을 먼저 떠올렸거든요. 다른 아이들이 질투할 것을 알기 때문에 아이는 선물을 받지 않으려는 쪽으로 행동했어요. 하지만 남들이 보지 않는다고 느낄 때는 완전히 달랐어요. 그럴 때는 바로 선물을 받으러 갔거든요. 따돌림당할 것이라는 두려움을 가질 필요가 없었기 때문이에요.

우리는 이 전략이 옳았다는 것을 우리 종의 큰 성공을 통해 알 수 있어요. 우리는 함께 도로를 건설하고, 컴퓨터를 발명했으며, 곧 화성으로 날아갈지도 몰라요.

정보 상자

인간은 사회 연결망에서 자신이 어떻게 받아들여지는지에 대해 많이 생각해요. 페이스북이나 인스타그램 등의 성공은 이러한 특성과 관련되어 있지요. 하지만 이런 행동의 진정한 장점은 우리가 굉장히 공동체 지향적이라는 사실이랍니다. 우리는 자기 자신만 생각하는 것이 아니라 타인과 공동체를 생각하는 경향이 있어요.

개인적으로는 그렇게 느껴지지 않더라도 우리의 행동이 공동체에 도움이 되는 경우가 많답니다. 부끄럽지만 저는 새 책이 나오면 며칠에 한 번씩 제 이름을 인터넷에서 검색해 보고, 새로운 기사를 발견하면 기뻐해요. 꽤 **자기중심적**이지요? 제 자존감이 검색 결과의 수에 달려 있을까요? 솔직히 말해 어느 정도는 그래요. 정확하게 말하자면, 제 작업이 우리 사회의 다른 사람들에게 가치가 있다는 점을 스스로 확인하고 싶은 것이랍니다. 그리고 그것은 모두에게 유익한 일이지요.

부모님과 선생님께

이 책을 읽고 많이 놀라셨을 거예요. 심지어 지금까지 알던 내용과 모순될 수도 있습니다. 이 책을 읽는 대학생이나 신입 생물학 교사조차 새롭고 놀라운 사실을 배우게 될 거예요. 왜냐하면 최신 동물행동학은 대학에서 거의 가르치지 않는 데다 생물학 교과 과정에도 없으니까요.

그래서 여기에 제시된 지식에 대해 회의적인 시각을 드러낸다고 해도 충분히 이해할 수 있습니다. 물론 저를 무조건 믿어 달라고 부탁하지는 않

을게요. 여러분이 아니라 이 책을 읽을 아이들이 중요하기 때문이지요. 열린 마음을 가진 아이들이 말도 안 되는 것을 배우지 않도록 하는 것은 전적으로 여러분의 책임입니다.

이 시점에서 제 책 《동물의 신비: 동물은 무엇을 생각하고 느끼는가》와 《동물의 언어: 우리는 어떻게 서로 더 잘 이해할까》를 이곳에 소개할 수 있게 해 준 로에베 출판사에 무한한 감사의 말을 전합니다. 이 책들은 총 650쪽에 이르며, 거의 1000개의 출처를 인용하고 있는데, 대부분이 최근의 과학 출판물입니다. 따라서 이 책의 주제에 관심이 있거나 개별 사례에 대한 인용이 필요한 경우 두 권의 책을 읽어 보시기 바랍니다. 여기에 언급한 내용과 사례 외에 더 많은 내용이 포함되어 있습니다. 책에 제시한 실험을 수행하려면 관련 내용을 찬찬히 읽어 보시라고 권하고 싶습니다. 그 대가로, 예컨대 금융 위기가 어떻게 발생했는지 알아볼 때 학생들이 열정으로 눈을 반짝일 거라고 확신합니다.

즐거운 독서가 되시길, 그리고 어린 독자들과 재미있게 토론하시길 기원합니다.

용어 해설

가설은 근거가 충분하고 논리적으로 도출된 가정을 말해요. 가설은 지식을 얻기 위한 첫 번째 단계예요. 과학에서는 특정 규칙성을 설명하는 '이론'이 가설을 뒤따라 등장하지요. 그런 다음에 일반적인 증거가 뒤따르고 나서야 무언가가 증명되었다고 말할 수 있어요. 참고로, 진화라는 개념은 많은 사람이 증명되었다고 생각하지만 150년이 넘도록 아직 '이론'이랍니다.

군주제는 독재를 뜻해요. 군주제에서는 능력과 관계없이 친족 관계만으로 통치자의 지위를 얻은 한 명의 통치자가 통치해요.

기억 흔적(엔그램)은 뇌에 있는 수많은 신경 세포가 서로 연결되어 있는 것이에요. 각각의 작은 기억은 이런 연결망 속에 저장되지요. 컴퓨터 하드 디스크에 있는 데이터와 매우 비슷해요.

도파민은 우리 몸 안에서 자연적으로 생성되는 전달 물질로 '행복 호르몬'이라고도 불러요. 도파민은 자극을 주는 효과가 있어서 하고 있는 일을 더 재미있다고 느끼게 해 준답니다. 하지만 도파민이 너무 많으면 좋지 않고 아플 수도 있어요.

마음 이론은 다른 사람의 입장에서 생각하는 능력을 말해요. 우리는 자신뿐만 아니라 다른 사람의 생각과 감정에 대해서도 생각할 수 있답니다.

메타 인지는 철학과 동물행동학에서 중요한 개념이에요. 메타 인지란 자신에 대해 생각하는 능력, 즉 자신의 지식이나 감정, 생각에 대해 성찰할 수 있는 능력이에요.

모방은 한 동물이 다른 동물을 따라 하는 행동을 말해요. '사회적 학습'이라고도 한답니다.

미토콘드리아는 동물, 식물뿐 아니라 균류의 세포에도 있어요. 미토콘드리아는 저장 물질인 당을 세포 에너지로 바꾸기 때문에 '세포의 발전소'라고도 불러요.

불가사의(미스터리)는 일종의 비밀이에요. 하지만 단순히 비밀로 지키는 것이 아니라 설명할 수 없는 것

이랍니다. 명확히 설명할 수 없으니 추측할 따름이지요.

세포 내 공생설에 따르면 최초의 단세포 유기체는 다른 유기체를 먹었어요. 하지만 이것은 소화되지 않고 새로운 유기체 속에서 계속 살았답니다. 두 유기체는 서로에게서 유익을 얻었고, 그 결과 현재의 세포 소기관인 엽록체와 미토콘드리아가 생겨났어요.

손실 회피 편향은 손실에 대한 거부감을 설명하기 위해 사용하는 말이에요. 무언가를 잃어버렸거나 누군가에게 무언가를 빼앗겼다면, 또는 누군가에게 사기를 당했다면 당연히 기분이 좋지 않겠지요. 이런 마음 때문에 이득을 얻는 것보다 손실을 피하는 데 더 큰 노력을 하고 집중하게 돼요.

수용체는 우리 세포 표면에 있는 분자로, 자기에게 맞는 전달 물질이나 신경 전달 물질이 지나가기를 기다려요. 그리고 때가 되면 수용체는 매우 특별한 반응을 일으키지요. 예를 들어 인슐린 수용체는 세포막(세포의 '피부')의 문을 열고 당을 세포 안으로 운반한답니다.

신경 전달 물질은 우리 신경 세포의 전달 물질이에요. 신경 세포는 서로 연결되어 있지 않아 작은 분자의 도움으로 신호를 하나의 세포에서 다음 세포로 전달하지요. 글루탐산나트륨이 바로 그런 물질이에요. 글루탐산나트륨은 우리 미뢰의 신경 전달 물질이에요. 그래서 많은 식품 회사가 수프 같은 제품에 글루탐산나트륨을 넣지요. 우리의 미뢰는 이런 식으로 속아서 음식이 맛있다고 믿게 된답니다.

아래턱뼈(하악골)는 흔히 작은 집게처럼 보이는 입 부분이에요. 먹이를 잡고 으깨는 역할을 하지요.

알츠하이머는 주로 65세 이상의 사람들에게 영향을 미치는 질병으로, 기억이 사라지게 하거나 자기 인생에 대한 기억에 큰 구멍을 내요. 때로는 자녀를 알아보지 못하게 하기도 하고요.

엽록소는 식물의 엽록체에서 공기, 물, 태양 에너지를 당으로 전환하는 매우 복잡한 분자예요.

엽록체와 미토콘드리아는 박테리아와 구조가 비슷하지만, 자유로운 환경에서는 생존할 수 없어요. 대신 동물, 균류, 식물의 세포에 서식하지요. 엽록체는 식물 세포에만 존재하며 태양 에너지를 저장 물질인 당으로 변환해요.

유전학은 유전을 연구하는 과학이에요. 세포핵에는

우리 몸의 청사진이 저장된 DNA라고 하는 여러 개의 긴 분자가 있어요. 그것을 분석하면 우리 몸의 많은 특성을 파악할 수 있답니다.

인재 평가 센터에서는 몇 시간 또는 꼬박 하루가 걸릴 수도 있는 시험을 진행해요. 기업은 이를 통해 지원자를 평가해요. 일반적인 학교 지식이 아니라 추상적 사고력 같은 능력이 중요하답니다.

절차 기억은 자전거를 타는 법처럼 절차에 따른 순서가 저장된 기억을 의미해요.

진화는 시간이 흐르면서 생물이 끊임없이 발전하는 것을 말해요. 단순한 생물에서 훨씬 복잡한 생물로 발전하지요.

추상적 사고 또는 추상은 세부 사항을 생략하고 연관성을 인식하여 일반적인 것을 추론하는 사고 과정을 말해요.

플레이백 실험은 스피커를 통해 동물이 우는 소리 등을 들려줘요. 그런 다음 어떤 일이 일어나는지 관찰하지요.

행동경제학은 경제학의 한 분야로, 특히 이성적인 결정에서 벗어난 인간의 행동에 관심이 많아요.

호르몬은 특수한 세포가 생성하는 생화학 전달 물질이에요. 혈액 순환을 통해 신체의 모든 부분에 전달되지요. 그곳에 수용체가 있다면 특정한 반응이 나타나요. 아드레날린은 그러한 전달 물질이에요. 우리(또는 동물)가 공격을 받으면 특수 분비샘에서 아드레날린이 분비되고, 우리 몸은 경계 태세로 바뀌어요. 그러면 심장 박동이 빨라지지요.

효소는 대부분 단백질이며 자동차의 촉매 변환기 같은 역할을 해서 보통 저절로 일어나지 않는 화학 반응이 일어나도록 도와줘요. 효소가 없다면 생물학적 반응도 없고 생명도 존재하지 않을 거예요.

91쪽 정답: 그림 A, C, F는 피카소의 작품이고, 그림 B, D, E는 모네의 작품이에요. 와우! 꿀벌만큼 뛰어난 예술적 감각을 보여 주었군요!

99쪽 정답: rainbow. 이제 알았죠?

사진 출처

Shutterstock: S. 12: © Peter Gudella; S. 13: © Michael Bogner; S. 14: © Kinga P; S. 15: © Cheryl-Ramalho; S. 16: © Vishnevskiy Vasily; S. 19: © Sirirat; S. 22: © Foto 4440; S. 24: © Mariia Illiashevych; S. 26: © Elena Larina; S. 30: © Vlad Siaber; S. 32: © Samuel Kornstein; S. 33: © Yellowj; S. 34: © Mriya Wildlife; S. 35: © Ekaterina Brusnika; S. 36: © vkilikov; S. 38: © JONATHAN PLEDGER; S. 40: © Syda Productions; S. 42: © Dr Morley Read; S. 43: © Perfect Lazybones; S. 44: © tankist276; S. 47: © MVolodymyr; S. 48: © Perfect Pictures for You; S. 50: © AmorSt-Photographer; S. 51: © i viewfinder; S. 52: © Ri_na; S. 54: © jeep2499; S. 55: © Tobyphotos; S. 57: © Mikhail_Kayl; S. 59: © Georgios Kollidas; S. 60: © sumire8; S. 62: © SOMKKU; S. 65: © GUDKOV ANDREY; S. 66: © Jan Stria; S. 67: © Bartosz Budrewicz; S. 68: © Michal Pesata; S. 73: © Monika Wieland Shields; S. 81: © Nagel Photography; S. 84: © Viesinsh; S. 87: © Tom Reichner; S. 88: © Levent Konuk; S. 90: © Luke Shelley; S. 91: © Hare Krishna, © Everett - Art, © Valery Rybakow, © Hare Krishna; S. 93: fivepointsix; S. 94: TierneyMJ; S. 97: © Rudmer Zwerver; S. 103: © bezikus; S. 107: © Chutima Chaochaiya; S. 112: © Santirat Praeknokkaew; S. 117: © Tatyana Bragina; S. 118: © pradis3535; S. 120: © sciencepics; S. 121: © sciencepics; S. 125: © Rostislav Stefanek; S. 129: © Anatoliy Lukich; S. 136: © Artem Illarionov; S. 142/143 © Martin Prochazkacz; S. 145: © Foto 4440; S. 146: © Dicky Asmoro; S. 148: © Hugh Lansdown; S. 149: © BMJ; S. 151: © Norma Cornes; S. 156: © Onyx9; S. 159: © Kevin Wells Photography; S. 161: © anek.soowannaphoom; S. 166: © Richard Susanto; S. 167: © Irina Kozorog, © StudioSmart

Andere: S. 140: © Karsten Brensing; S. 155: © dpa

카르스텐 브렌징 박사는 킬 대학교에서 해양생물학을 전공했어요. 플로리다와 이스라엘에서 돌고래와 인간의 상호 작용을 연구하고, 2004년 베를린 자유대학교에서 박사 학위를 받았고요. 그런 다음 고래·돌고래 보호 협회(WDC)에서 10년 동안 학술팀장으로 일했어요. 지금은 작가와 고문으로 활동하고 있답니다. 동물의 생각과 감정에 관한 세 권의 책을 썼고, 독일 환경부와 유럽연합 집행위원회, 환경 보호 단체에서 고문을 지냈어요. 과학적으로 활동하는 동물 보호 단체 '개별권 이니셔티브(Individual Rights Initiative, www.iri.world.de)'의 공동 창립자이기도 해요. 또한 두 아들의 자랑스러운 아빠랍니다. 아내 카트린은 과학 저널리스트이자 작가이기도 해요. 열아홉 살 때부터 함께한 두 사람은 세계 일주를 꿈꾸고 있답니다.

www.karsten-brensing.de

니콜라이 렝거는 카를스루에에서 태어나 포르츠하임 조형대학(HFG)에서 비주얼 커뮤니케이션을 전공했어요. 프리랜서 일러스트레이터로 여러 출판사 및 에이전시와 작업하며, 2013년부터 카를스루에에 있는 아틀리에 레미제(Remise)에서 일하고 있어요. 동물 그리기를 특히 좋아한답니다.

정일주는 서울에서 자라 독어독문학을 전공하고 대학원을 졸업한 후 베를린에서 유학했어요. 독일 현대 문학을 전공한 뒤 통번역과 교육을 겸하고 있고요. 2016년 《책의 문화사》로 (재)한국출판연구소에서 주관하는 한국출판평론상·학술상 번역 부문 우수상을 받았답니다.

생각하고 느끼는 동물들

초판 1쇄 발행 | 2023년 11월 15일

지은이 카르스텐 브렌징
그림 니콜라이 렝거
옮긴이 정일주
책임편집 손성실
편집 조성우
디자인 권월화
펴낸곳 생각비행
등록일 2010년 3월 29일 | 등록번호 제2010-000092호
주소 서울시 마포구 월드컵북로 132, 402호
전화 02) 3141-0485
팩스 02) 3141-0486
이메일 ideas0419@hanmail.net
블로그 ideas0419.com

ⓒ 생각비행, 2023
ISBN 979-11-92745-17-6 73490

책값은 뒤표지에 적혀 있습니다.
잘못된 책은 구입하신 서점에서 바꾸어 드립니다.